·光明文丛系列·
Guangming Wencong series

湖北民族大学
思想政治理论课教学案例丛书

立志养德 明纪守法

——《思想道德与法治》教学案例集

张蔚玲 张严超 ◎ 主编

光明日报出版社

图书在版编目（CIP）数据

立志养德　明纪守法：《思想道德与法治》教学案例集／张蔚玲，张严超主编．－－北京：光明日报出版社，2022.9

ISBN 978－7－5194－6561－2

Ⅰ.①立… Ⅱ.①张… ②张… Ⅲ.①思想修养—高等学校—教材②法律—中国—高等学校—教材 Ⅳ.①G641.6②920.4

中国版本图书馆 CIP 数据核字（2022）第 067351 号

立志养德　明纪守法——《思想道德与法治》教学案例集
LIZHI YANGDE　MINGJI SHOUFA——SIXIANG DAODE YU FAZHI JIAOXUE ANLIJI

主　　编：张蔚玲　张严超	
责任编辑：王　娟	责任校对：慧　眼
封面设计：李彦生	责任印制：曹　诤

出版发行：光明日报出版社
地　　址：北京市西城区永安路 106 号，100050
电　　话：010-63169890（咨询），010-63131930（邮购）
传　　真：010－63131930
网　　址：http://book.gmw.cn
E － mail：gmrbcbs@gmw.cn
法律顾问：北京市兰台律师事务所龚柳方律师
印　　刷：北京建宏印刷有限公司
装　　订：北京建宏印刷有限公司

本书如有破损、缺页、装订错误，请与本社联系调换，电话：010－63131930

开　　本：170mm×240mm	
字　　数：240 千字	印　张：16
版　　次：2022 年 9 月第 1 版	印　次：2022 年 9 月第 1 次印刷
书　　号：ISBN 978－7－5194－6561－2	
定　　价：68.00 元	

版权所有　　翻印必究

湖北民族大学思想政治理论课教学案例丛书编委会

总主编： 徐铜柱

编　委：（以姓氏笔画为序）

冯显德　张严超　张明波　张蔚玲

陈文俊　胡自爱　黄玉红　崔应美

总 序

党的十八大以来，学校思想政治工作和思想政治理论课建设得到前所未有的重视和加强。习近平总书记在全国高校思想政治工作会议上指出，思想政治工作从根本上说是做人的工作，必须围绕学生、关照学生、服务学生，不断提高学生思想水平、政治觉悟、道德品质、文化素养，让学生成为德才兼备、全面发展的人才。思想政治理论课要坚持在改进中加强，提升思想政治教育亲和力和针对性，满足学生成长发展需求和期待。2019年3月18日，习近平总书记在学校思想政治理论课教师座谈会上再次强调：思政课是落实立德树人根本任务的关键课程，思政课作用不可替代，思政课教师队伍责任重大。同时指出，"办好思想政治理论课，最根本的是要全面贯彻党的教育方针，解决好培养什么人、怎样培养人、为谁培养人这个根本问题"。这一重要论述，深刻阐述了思想政治理论课的重要性和办好思想政治理论课的重大意义。

为办好新时代学校思想政治理论课，中共中央办公厅、国务院印发了《关于深化新时代学校思想政治理论课改革创新的若干意见》（2019年8月14日），专门就思政课改革的重要意义、总体要求、课程体系、师资队伍、组织领导等方面做了具体规定，作为指导学校思政课建设的纲领性文件。为此，中共中央宣传部、教育部联合印发《新时代学校思想政治理论课改革创新实施方案》（教材〔2020〕6号），要求充分发挥思政课在立德树人中的关键课程的作用，对新时期如何建好思政课、建设什么样的思政课等问题做了制度性安排，尤其是对思政课的目标体系、课程体系、内容体系、教材体系等做了明确规定，成为新时期建好思政课的实践指南。于此基础上，为进一步加强和细化对高校思想政治理论课的宏观指导，规范组织管理、教学管理、队伍管理和学科建设工作，教育部专门制定并印发了《高等学校思想政治理论课建设标准（2021年本）》（2015年本为第一版），对高校思政课建设的具体内容做了详细的分类，并提出了具体建设标准，为新时代高校思政课建设提供了标准依据。

湖北民族大学位于鄂渝湘黔四省（市）毗邻的武陵山复地恩施土家族苗族自治州，长期以来，学校认真贯彻党的教育方针，努力培养适应民族地区发展和国家战略需要的可靠建设者和接班人，办学成果显著。近年来，学校高度重视人才培养质量，全面贯彻落实习近平总书记关于教育工作的重要论述精神，狠抓思想政治理论课的改革创新工作，大力提升思想政治理论课的教育教学质量。马克思主义学院在学习领会落实中共中央办公厅、国务院、教育部等系列文件指示精神的基础上，结合地方实际和学校办学定位以及学科条件，创造性开展与课程相适应的教材体系建设。根据《新时代学校思想政治理论课改革创新实施方案》的课程设置，围绕《马克思主义基本原理》《毛泽东思想和中国特色社会主义理论体系概论》《中国近现代史纲要》《思想道德与法治》《形势与政策》等课程教学质量提升的需要，编写"湖北民族大学思想政治理论课教学案例集"丛书，作为辅助教学的参考资料，以期进一步提高思政课的教学效果。学院组织编写这样一套案例丛书，主要基于以下考虑：一是贯彻中央精神。作为社会主义大学，必须始终坚持党的领导和社会主义的办学方针，时刻与党中央保持一致，用习近平新时代中国特色社会主义思想铸魂育人。二是践行育人使命。思想政治理论课是落实立德树人的关键课程，是解决培养什么人、怎么培养人、为谁培养人的重要阵地，是实现为党育人、为国育才使命的重要方略，因此，推进思政课改革创新，丰富思政课教学案例，成为增强思政课实效性的必然要求。三是提升教师水平。习近平总书记指出，办好思想政治理论课关键在教师，关键在发挥教师的积极性、主动性、创造性。思政课具有政治性、学术性、多样性、时代性、实践性等特征，讲好思政课不容易。组织教师团队，集体研究课程内容，编写相应教学案例，为教师提供了深入学习、集中研讨、学教结合的机会和平台，进而提高教师的教学水平。四是塑造课程特色。作为地方院校，恩施地区具有丰富的红色文化、民族文化、生态文化等资源，俗话说，一方水土养一方人，这里的优秀文化资源独具特色和魅力，通过案例集将其融入思政课堂，增强思政课的针对性和吸引力，使其成为是立德树人的重要资源。

值此"湖北民族大学思想政治理论课教学案例集"丛书付梓之际，我们谨向所有参与编辑工作的老师和同仁们、向关注和帮助案例集的专家学者们表示感谢，特别是对出版社的各位编辑的辛苦工作表示诚挚谢意！

孙维胜

湖北民族大学马克思主义学院院长教授

2021 年 12 月 12 日

前 言

大学时期，是一个人世界观、人生观和价值观形成的重要阶段，高校的思想政治工作及思想政治理论教育既关乎新一代青年的个体成长，更关乎国家和民族未来的发展方向，是"为谁培养人"以及"培养什么样的人"的重要环节。目前国内所有高校均开设的思想政治理论课程——《思想道德与法治》，是高校思想政治理论课的前沿主阵地之一，如何提升其教学的实效性，既是加强和改进高校思想政治理论教育的战略任务，也是提升任课教师教学能力，增强学生学习兴趣，助其提升政治素养和法治素养的现实要求。

为给任课教师在课内理论教学以及课外实践教学中提供具有可操作性的教学资料，特根据"马克思主义理论研究和建设工程重点教材"《思想道德与法治》的教学大纲和教材体系，编写本书。本书涵盖"大学适应教育""人生观教育""理想信念教育""爱国教育""道德教育"以及"法治教育"等多个教学专题，以"立志养德"和"明纪守法"两大板块来呈现，精选了30多个典型案例进行分析，基本线索是从"案例呈现"来展开，到"教学目标"以及"精神价值分析"，再到"教学融入设计"，最后以"问题拓展探究"和"相关资料推介"来收尾，重点放在对案例的分析和教学的运用上，便于任课教师进行教学参考。

需要说明的是，本书的主要核心部分是根据"马克思主义理论研究和建设工程重点教材"《思想道德修养与法律基础》（2018版）撰写的，在书稿完成之后的出版发行过程中，教材经历了新的修订，除书名改为《思想道德与法治》之外，部分章节标题的措辞和表述有一些调整，例如2018年版的"绪论"第二节"时代新人要以民族复兴为己任"，在2021年的新版本中改为"新时代呼唤担当民族复兴大任的时代新人"；原版的第一章标题为"人生的青春之问"在修订后的新版本中改为"领悟人生真谛把握人生方向"等。此外还有一些章节内容进行了细微的调整，如第一章第一节原有两小节，在新版中调整为三小节，并且全书在内容上也增补了许多扩展性的资料，如图片，数据，故事，习总书记的经典论述等等。尽管如此，在专题板块、基本体系以及教学目标上，新版没有做出更大的调整和改变，因此，本书提供的教学案例以及教学设计，对于2021年版新教材的教学运用，仍然具有一定的参考价值，只是在具体运用中，需要对相关章节的标题和内容进行一些细微的校正和对接。

由于编写者学识和能力的有限，本书必然会存在诸多缺陷和不足，还望各位读者以及从事高校思想政治理论课教学的同仁提出宝贵的意见和建议，以供改进和提升！

本书编写者

目 录
CONTENTS

第一部分：立志养德 ·· 1

案例1：大学生，动起来！——运动很重要 ····················· 3
案例2：学习还是生意？——代拿、代课、代考的深思 ········· 7
案例3：学生干部到底是什么？——干部"官气"要不得 ········· 14
案例4：朋友在哪里？——现实交往很重要 ······················ 19
案例5：消费要不要超前？——校园贷的隐忧 ··················· 23
案例6：奋斗吧，青春！——"中国青年五四奖章"获得者 ······ 28
案例7：坚韧不拔的贝多芬——将苦难变成力量 ················· 36
案例8：《青年在选择职业时的考虑》——职业与使命 ········· 40
案例9：2019年"最美大学生"——怎么才算美？ ················ 49
案例10：网红馆长单霁翔——故宫看门人 ······················· 55
案例11：文化传承和创新的典范——敦煌 ······················· 61
案例12：半床棉被——共产党的本色 ····························· 67
案例13：卡尔·亨利希·马克思——为人类解放而斗争 ········· 72
案例14：杨靖宇——赤胆忠诚 ······································ 77
案例15：钱学森——我要回到中国去 ····························· 85
案例16：张富清——深藏功与名 ··································· 92
案例17："时代楷模"——平凡中的不平凡 ······················ 97
案例18：第三届"中国青年好网民"——讲好中国故事 ········· 103

案例 19：14 亿中国人的战疫之路——强大的民族力量 …………… 114
案例 20：共和国勋章及国家荣誉称号获得者
　　　　——祖国不会忘记你 …………………………………… 126
案例 21：间谍就在身边——国家安全，公民责任 ………………… 144
案例 22："学霸情侣"的爱情——爱让彼此成长 ………………… 153
案例 23：爱读书的拾荒老汉——高贵在内心 …………………… 157
案例 24：当代雷锋郭明义——赠人玫瑰，手有余香 …………… 163
案例 25：2019 年"全国向上向善好青年" ……………………… 169
案例 26：中国服务西藏志愿者——高原上新时代的雷锋 ……… 177

第二部分：明纪守法　　　　　　　　　　　　　　　　　**183**

案例 27：让英雄不再孤独——见义勇为者的制度保障 ………… 185
案例 28：《英烈保护法》——以法律捍卫英烈尊严 …………… 191
案例 29：孙志刚案——宪法具有至上性 ………………………… 202
案例 30：十八大以来的反腐成绩——把权力关进制度的笼子 … 207
案例 31："逆子"法来管——老吾老以及人之老 ……………… 215
案例 32：花朵需要呵护——家庭暴力中的儿童保护 …………… 218
案例 33：家庭中的反暴力——防卫要适当 ……………………… 221
案例 34：勇敢说"不！"——未成年人的自我保护 …………… 224
案例 35：昆山反杀案——紧迫危险中的防卫 …………………… 229
案例 36：离婚后的家庭暴力——家庭之外的权利保护 ………… 235
案例 37：非婚生子女的生命权——生命同等重要 ……………… 238

第一部分 01
立志养德

案例1：大学生，动起来！——运动很重要

案例呈现：

"晚上熬夜到通宵、白天上课来补觉，醒来就把手机掏，学习任务记不牢"，这是当前在一些大学生身上出现的常态现象。不仅如此，新生军训体力不支晕倒、体能测试不佳、节食瘦身成时尚等反映大学生身体素质不佳的现象也成为普遍。

大学生作为一个年轻的群体，在年龄上大多正处于青年时期，无论是身体还是心理，都处于飞速上升的黄金阶段，但作息上的不规律、饮食上的不合理，加上缺乏足够的运动，使得当代大学生的身体素质很难与所处的年龄相匹配，瘦弱的小身板能否扛起自己和国家的未来，着实令人担忧。

大学生忽视体育锻炼和体质培养，一方面与现行重知识、重成绩的教育模式和考试模式有很大关系。体育在中小学阶段一直是作为"副课"存在，国家一直提倡的德、智、体、美、劳全面发展没有得到切实的落实，学生在这些方面的素质没有得到均衡协调的发展，造成学生潜意识里"体育没有成绩重要"的偏见，进入大学，当然就不会对运动有足够的重视。另一方面与大学生放松自我管理有关。历经至少十二年的寒窗苦读之后终于迈进大学的门槛，固然是苦尽甘来，一些学生就误以为自己终于"彻底解放"了，可以弥补一下以前辛苦学习留下的缺憾了，以享受生活为信

条，放飞自我。这种心态必然导致部分学生缺乏足够的自我规划和自我管理，养成及时行乐的不良习惯，通宵熬夜打游戏、追剧，更别提早起锻炼了，对于学校的体育测试也是敷衍了事或临时突击，甚至找人代考。

无论是什么原因造成的偏见和懒惰，让大学生动起来，有一个健康的体魄，确实是当前最需要做的事情。不少高校为激励学生积极进行体育锻炼，开设趣味体育课，增加实践教学环节，设置户外活动项目等等，高招尽出。如四川大学的趣味定向越野课、浙江大学的舞龙舞狮课、厦门大学的爬树课；将劳动实践列入学分管理，要求所有大学生停课参加并严格考核的湖北民族大学的"劳动周"，以及鼓励学生下地种田、参与春耕的华中农业大学的实践环节等等。不仅如此，高新科技的发展和运用也为不少高校激发学生的运动热情提供了现实的技术和手段，有的学校通过引进手机运动软件，鼓励学生运动打卡，积分和排名靠前的同学可获得奖励甚至可以折算成体育学分。

行为的改变不仅需要正向的激励，也需要反向的预警和惩罚。体育不达标、不合格，学分就会受影响，毕业证就不能按时发放，这种预警设置对于改变运动困难户们的懒惰习惯，或许是一种无奈，但也多少能够起到一点矫正作用。随着对大学生体质素养的重视，已经有越来越多的高校实施了这一预警措施。

高校所有的良苦用心，只为大学生们能够拥有一个健康的体魄，使其有足够的身体素质能够担负起自己的将来和民族的未来。时代新人，不应该是羸弱的。所以，动起来吧，大学生！[①]

教学目标：

1. 通过此案例，帮助学生反思自己的大学生活，以更加积极的心态面对自己的人生，改变不健康的生活习惯。

2. 通过此案例，帮助学生意识到加强体育锻炼的重要性，养成运动的

---

① 以上资料参考自超星教学资源库。

好习惯。

3. 通过此案例，让学生意识到理想的实现不是一蹴而就的，需要长期的坚持，帮助他们认识到坚强的毅力和自我控制对于理想的实现具有极其重要的意义。

本案例适用于"绪论"之二"时代新人要以民族复兴为己任"、第二章"坚定理想信念"第三节"在实现中国梦的实践中放飞青春梦想"之一"理想与现实的关系"的教学使用。

精神价值分析：

1. 人生需要一个健康的身体。大学生在大学期间求取知识、追求理想、发展自我，这一切都要以健康的身体为前提。保持积极健康的生活方式不仅有助于个人的身心健康，也是对家人、社会的负责。此外，长期坚持体育锻炼，也有助于磨炼一个人意志力和抗挫折能力。中国近现代著名的体育家马约翰先生提出了著名的"运动迁移规律"，也就是运动场上得来的各种可贵的精神品质，可以体现在人生的诸多领域，帮助人们获取更多的成功。

2. 体育锻炼也是成长的必修课。让每一个学生既有足够的知识涵养又有强健的身体素质，是教育的题中之义。大学生既需要培养"文明"的精神，也需要锻炼出"野蛮"的体魄。

3. 学会自控是改变现状的第一步。手机不离身，没事就睡觉，明明知道这样不好，可就是改不掉。许多大学生最开始也有自己的人生规划，也有明确的奋斗目标，也有做事的激情和学习的动力。可就是不知道控制自己，没有强大的毅力和决心来改变。学会自己控制自己，从一点一滴做起，每天改变一小步，就会向前一大步。

教学融入设计：

1. 在绪论适应大学生活内容中，让学生以"你身边的大学生模样"为主题，在校园各个环境进行观察，然后描绘出现实中的大学生形象，然后对此进行评析，并对自己的大学生活进行描绘，在班级内交流。

2. 在理想教育专题中，让学生写出自己的人生理想，然后是大学理想，在大学理想中选择一个方面，写出本年度目标，接着本学期目标、本月目标和本周目标，每周进行总结，一学期结束后在班级内进行交流。教师在其中注意指导学生针对自己目前的问题进行目标的设置。

问题拓展探究：

1. 你身上有什么样的毛病和缺点？想改吗？你认为怎样才能改掉？
2. 你觉得当前大学生的手机瘾怎样才能戒掉？
3. 你有什么样的体育爱好？坚持了多久？
4. "身体和心灵，总要有一个在路上。"你怎么理解这句话？

相关资料推荐：

1. 教育部《关于深化本科教育教学改革，全面提高人才培养质量的意见》。
2. 教育部《国家学生体质健康标准》。

案例2：学习还是生意？
——代拿、代课、代考的深思

案例呈现：

随着信息网络时代的来临，几乎所有的需求都能够在网络上得到回应，既有生活上的如购物、点外卖、视频通话，也有工作上的，如查询资料、发布通知、召开会议等等，这些便利使得人们越来越依赖于网络技术，这种依赖也更加促使网络技术以无孔不入的方式渗透进人们的生活。作为紧跟时代潮流的大学生，微信、淘宝、支付宝，几乎是所有人的标配，在微信群发布一条需求信息，马上就有人回应，谈好时间价格，线上支付酬劳，一笔双方不见面的"生意"就做成了。然而，近几年，高校里的这种生意已经开始从微商代理的产品转向代拿、代跑、代课、代考的服务类别了。一些高校学生为了少走几步路，少参加几次活动，逃避上课或应付考试，需要有人代替本人或取快递，或参加活动，或出勤课堂听课，或观看网课刷分，甚至代替本人参加考试，就在网络上发布这种需求信息，花钱雇人来完成这些任务。已经在一定范围内形成了一条灰色产业链，各项任务、分工和指标都清晰明了：不同分量的快递、不同的路程远近、不同时间长度的活动，以及不同的课程、不同的学习程度和指标，不同的考试难度，其价码都有所不同，甚至出现"多买多送""包月"等活动。

代拿

当前高校为保障校园和学生安全，大多不允许快递员直接将货物送往寝室，而是在校园内设置一些地域进行集中投递，没有校园内集中投递点的一般会在校园外由快递公司设置集中投递点。这样一来，就会出现学生宿舍离快递点有远有近的情况，尤其在校园面积较大的学校和校区，取个快递来回路程较长，耽误的时间也较多。对于无法承受这种体力和时间成本的学生而言，能够有人帮助自己取快递，自己只需要付出一点酬劳，自然十分乐意；而对于另一部分愿意跑腿甚至只是顺路帮忙又能顺手赚点零花钱的人而言，也是一份较为轻松的兼职工作，加上大多是同校学生，彼此较为信任，因此就催生了帮忙取快递这一业务，并在不少大学和校区开展得红红火火。

据了解，一般在学校请人代拿快递有两种方式：一是通过商家以点外卖的形式进行代拿，一些商家往往会增设帮拿快递的服务项目，自己只需要备注好快递单号以及送达地点及收件人电话等信息即可，这种方式由于收费较高，一般限于急件或校外代拿；另一种方式是在校园内的各种群和信息平台发布代拿信息，主要是微信群聊和QQ群，一般会有时间和路线合适的同学回应，也有将此作为兼职，专门在课余时间跑业务的同学。校内代拿在价格上一般1~3块钱一件，大件一般也不超过5元，深受学生尤其是大三大四学业繁重的学生欢迎。

代课

当前在各高校的教学管理中，有一项是对课堂出勤状况和秩序的管理，学生的出勤率或到堂听课率是一个非常重要的考核指标。因而许多高校采取的做法是要求任课教师或者学生干部进行课堂考勤，不少任课教师考查方式是通过点名答到或签到的方式进行的，并将学生的出勤状况与其平时成绩挂钩，与学分联系起来。这样，对于一些不愿意去听课的学生而言，要拿到平时成绩的出勤分，就只能想办法请人代答或代课。

据了解，当前代答或代课情况较多的是公共课、通识课或者选修课。公共课、通识课一般都开在大一大二，而学校基于各种考虑往往会给大一大二的学生设置较多的课外活动和校园活动,他们尽管都精力充沛,但在这种大量的课业和活动压力下,也会疲惫和懈怠。加之大一大二的公共课一般是多个班级甚至多个专业一起在大教室上课,而选修课的人数也不少,老师也不大可能把所有学生都认全,因而一些不想上课的学生就有了请人帮忙上课的需求。同样是在各种群聊和校园信息平台上发布消息,价格双方私下商议,一般一节课10元起步,到20元不等,如果两三节课连上,总价格会上升,当然如果需要回答问题或要完成课内作业,价格另算。为保险起见,"最好是找长得像的",不然万一被发现就会有记旷课甚至是违纪处分的可能。

针对大学生代课这一现象,曾有组织专门进行过调查,随机抽取了五百多位大学生,其中一半以上表示自己身边出现过有偿代课现象。据调查,学生选择花钱代课的主要原因是"偷懒",还有部分原因与"请假制度不合理"有关,也有一部分人认为是因为"老师讲课枯燥无聊而不想上课"。总之,理由各种各样。

代跑

2014年7月,教育部修订颁布了关于学生体质健康测试的新标准,对于学生的体质有了更高的要求。对于这项测试,一些平时疏于锻炼的大学"宅男宅女"苦恼不已,女生的800米跑和男生的1000米跑,就难倒了不少大学生。测试不达标既影响学分成绩,又影响评优评先,因此,一些学生为顺利通过体测另辟蹊径——请人"代跑"。有需求的同学一般会找自己认识的人,如果没有,就会在群里发布消息,找体能较好的同学代跑,价格商议决定。在这些有需求的群体中,除了由于能力问题本身无法通过测试的同学,以及因为态度问题懒得参加测试的同学,还有因为身体不适或者临时有事又无法请假的同学。

至于这种测试作弊行为,能不能被发现,主要取决于学校的管理制度是否规范、处分是否严厉。对于管理规范的学校来说,大一大二的时候,由于开设的有体育课,而体育测试一般是以班级的形式开展或者直接在班级内部进行,而老师对自己班上的学生是比较熟悉的,如果代跑的话极易被发现，因而代跑的就少。如果学校管理不规范，测试较混乱，就有代跑的情况存在。到大三没有体育课后进行体测，则需要核对学生本人的校园卡、证件和本人，三者一致才能参加，因而除非万不得已，一般很少请人代跑。

代考

2014年4月，福建泉州的黄某、沈某、曾某和余某4名女子，委托中介张某报考省高等教育自学考试。为帮助4人顺利过关，张某联系了某高校在读学生小美，让其帮忙寻找代考人员。随后，该校大二学生小丽、小英和小芳答应代考，双方达成协议，每过一科，代考者能获得200元的报酬。之后张某收集代考者的头像后制作了假的身份证件等资料，并分别发给4名女生。

2016年4月17日下午的工程建设监理课程考试，4名代考者因为持作弊器和假身份证参加考试，被监考人员发现。案发后，张某因涉嫌组织考试作弊等被提起公诉。据张某交代，在此案件中，他收受了黄某等人支付的每科3000元至4000元不等的酬劳，仅仅给小美等代考人200元的报酬。经警方层层追查，最后共抓获14名犯罪嫌疑人，其中有6名大学生。

考试作为一项选拔和淘汰人的筛选制度，从古至今都在中国人的成长发展中占据着极为重要的地位，可以说，只要有考试，就有可能出现考试作弊行为，从中国隋唐设立科举制度以来，考场作弊也从来没有消失过，从最开始的衣袖夹带，到电子耳机，再到整容代考，层次、水平、花样屡次翻新。

而历朝历代都对代考行为的惩罚极为严厉。如对当事人的三人一保连坐惩罚、戴上枷锁示众的精神折磨和取消考试资格的权利剥夺，以及对责任考官贬为庶民、发配边疆甚至处死的严厉处分，一直到当代对所有责任人的责任追究和法律制裁，无不是为了奉劝和警告想要考试作弊的人：莫伸手，伸手必被捉！

考试是为了检验成果和选拔人才，其所有的结果都应该建立在真实而公平的基础之上。无论出于何种理由，都不能颠覆和改变这一原则，不然考试就失去了意义。无论是考场作弊还是请人代考，显然都是对真实和公平的挑衅，都明确属于违反学校纪律甚至是国家法律的行为。根据高校的学籍管理规定，相关行为一旦被发现，学校会给予违纪处分甚至是开除学籍的处理，如果涉及犯罪，还会被追究刑事责任。

需要指出的是，代课、代考不仅违反规定和法律，在道德层面上来说，也是不讲诚信的行为，属于道德欺骗。在这些校园业务红火的背后，有许多需要我们改进的地方，尤其是寻求代课的学生的教育。没有需求就没有市场，是他们开启了代课、代跑、代考的灰色产业链。弄虚作假、投机取巧的行为不仅违背了读书的初衷，更是对自己、家庭和社会的不负责任。[1]

教学目标：

1. 通过此案例，让学生认识到身边普遍存在的一种不良现象的危害，及时提醒自己不违规、不违纪、不违法。

2. 通过此案例警示大学生信守诚信，对自己负责，做好人生规划，努力学习。

此案例适用于"绪论"之二"时代新人要以民族复兴为己任"及第一章"人生的青春之问"第二节"正确的人生观"之一"科学高尚的人生追求"、之二"积极进取的人生态度"的教学使用。

精神价值分析：

1. 严格要求自己才能成人成才。大学生求学，是为让自己成人成才的，所有的课程设置，总体是科学、专业和有针对性的，是按照人才培养的规格和目标来设置的。以课程无聊为借口，找人代课，放纵自己，首先就是对自己要求的放低。有的学生则不管课程是否有趣，认为这门课对自

---

[1] 以上资料参考自《长沙晚报》，2016年12月14日；新浪福建，2019年1月3日；超星教学资源库。

己没用就不去，这是典型的功利主义。而大学不是一个只培养职业技能的地方，所有的课程都是潜移默化地产生影响，目的是培养学生的综合素质，使其能够逐步成人成才。

无论是请人代跑还是代课，都是投机取巧的行为，大学有了这个习惯，今后步入社会可能缺乏对规则的敬畏心。因此，在大学阶段就应该防微杜渐。强化自我规范和外在考核，才能让大学生朝着向上的方向成长。

2. 代考涉嫌违法。刑法有相关的规定，代替他人或者让他人代替自己参加法律规定的国家考试属于违法行为，将面临刑事处罚。国家考试包括高考、自学考试、公务员考试、司法考试、职称考试、研究生考试等。此外，在法律规定的国家考试中，组织作弊的，处三年以下有期徒刑或者拘役，并处或者单处罚金；情节严重的，处三年以上七年以下有期徒刑，并处罚金。因此，代考不仅仅只是懒惰和道德层面的事情，更涉及违法犯罪，需要加强重视。

3. 学习不仅关乎现在，更关乎人生。许多大学生以为大学就是用来玩乐享受生活的，对待学习的态度是无所谓的，只要想办法"混及格"就能毕业。按照高校学籍管理规定，学生必须完成相应的课时学习，如果学生没有完成，是违反高校校规的，会影响毕业证和学位证的获取，给人生留下遗憾；在考试中请他人或帮他人代考，一经查出，是要接受一定的处分的，同样也会影响自己的学业和前途。所以，大学生应当意识到学业和人生的关系，平时做好学习规划，避免到了考试阶段临时抱佛脚。

教学融入设计：

1. 在绪论的入学适应教育中，让大学生畅谈理想的大学是什么样？自己想在大学里获得一些什么？引出此案例，让学生帮助分析内在的本质和危害，提醒学生时刻注意提防内心的松懈和外在的诱惑。

2. 在"时代新人"的教学中，让学生以小组为单位，以"我身边的大学生"为主题观察搜集身边大学生的日常表现，以"理想的行为"和"不理想的行为"来归类，分别阐述各自的理由和改进的措施，并以此为依据，写下自己的大学规划。

3. 在人生观的教育中，让学生重新找到自己在适应教育中写下的大学规划，以过去几周自己的表现进行对标自查，哪些做到了、哪些正在做、哪些没有做，并阐述各自的原因和理由。然后让学生制订一份为期一周、可操作性强的改进计划，与室友分享，共同监督，一周之后再总结，交流心得体会。

问题拓展探究：

1. 你认为现在的大学生活怎么样？
2. 如何让自己在丰富的大学生活中不迷失，不懈怠？
3. 你有过"代拿""代考""代课"等行为吗？怎么看待这种行为？

相关资料推荐：

1. 泉州高校"代现象"泛滥：代跑、代课、代考明码标价，新浪福建，2019 年 1 月 3 日。
2. 高校"代课代考"明码标价大学生代人上课月赚数百，长沙晚报，2016 年 12 月 14 日。
3. 高校"代产业"流行：生意？火坑！《半月谈》2018 年第 3 期。

案例3：学生干部到底是什么？
——干部"官气"要不得

案例呈现：

2018年7月19日，中山大学发布了学生会干部的任命公告，引发了巨大的舆论风波，中山大学学生会在网络上一举成名。原因是该任命公告中使用了大量"正部长级""副部长级"的字样，被网友吐槽是"满满官僚""官瘾太大"。

无独有偶，一个暑假之后的秋季新学期刚开始，四川一位姓杨的学生会主席又在这拨官僚习气中火了。

这位杨主席的爆红，来自他的"部下"晒出来的一张聊天截图。事情起因于一位新进学生会当试用干事的同学，不明确开会的时间，在干部群里直接@了学生会杨主席并询问此事，亲切地称他为"学长"。而此群里的学生管理员看到后，立即对这位新进干事提出整顿训话："杨主席是你们直接@的？"并让他们"注意自己的身份和说话方式"，表示"不想看见第二次"。这位管理员就此将幕后的杨主席捧成了不露脸的网红。

这张聊天截图上传到网络后，引起了社会的热议。这位杨主席所在的四川某高校也迅速在微博做出回应，确认了这两位学生干部的身份，的确都属于该校的社团成员。在经过了深刻的思想教育以及心理疏导之后，他们已经深刻地认识到了自己的问题并表示要予以改正。

然而，一波未平，一波又起，在杨主席事件的刺激下，各路网友纷纷爆料出各类学生干部"抖官威""耍官威"事件。四川某高校，学生给学生干部发送中秋祝福语，无奈写错了名字，被要求罚抄50遍之外，还要开会做检讨；江苏某学院，学生在群里用"哈哈哈"回复学生干部，被认为是"不给理由"，罚交400字的检讨；浙江某高校，一位学生干部在与赞助商进行沟通时，措辞严厉，语气傲慢，脏话连篇，"官威"毕显。虽然学校后来回应称当事人不是学生干部，仅是普通学生，然而作为高级知识分子和精英群体的大学生，如此普遍和深重的官僚习气，不禁让人感慨：学生的"官气"怎么这么重？在感慨之余，又不禁深思：学生干部究竟应该是个啥？①

事实上，早在19日中山大学公告发布后的两天，即7月21日，中央纪委国家监委就在其官方网站上刊载了一篇《"学生官"充斥校园不是哈哈一笑的事》的文章，指出这些高校和学生干部在承认错误并道歉之后，更需要的是沉下心来，好好思考应当如何保持自己的青春朝气和清风正气，如何让人感受到干净、纯粹和担当的精气神，并希望各高校以此为契机，改变与"大气候"格格不入的陈规陋习和不良风气，去除官气、躁气和暮气。

学生干部，本属于学生一族，只是由于其能力突出，表现优异而被挑选出来作为干部来负责辅助教师开展学生活动和进行学生管理，基于分工和职责的不同而被冠以不同的岗位称呼，也是方便办事之举，但在现实中却被一些学生干部误以为是授予"官位"，以此获得抖威风、耍派头，甚至是捞取私利的资本，这是干部身份的异化，跟党员干部的腐败是一个道理，都是我们这个社会和时代所唾弃和抨击的对象。新时代的干部，一定是来自人民、服务人民、忠于人民的干部，无论哪个群体，无论哪个领域，无论哪个阶段，"服务"的初心和使命始终不能忘，党员干部，要秉持"人民干部为人民"的理念，学生干部也要秉持"学生干部为学生"的

---

① 以上资料参考自超星教学资源库。

理念。大学生作为青年一代,"要立志做大事,不要立志做大官",脚踏实地,拒绝"官气",做一名纯粹的学生干部,为学生服务。只有不忘干部原本的服务初心,牢记服务学生的终极使命,学生干部才能在这些校园平台上得到锤炼和成长,最终成为我们党和国家的优秀干部。

教学目标:

1. 通过此案例,让学生意识到恪守学生本分的重要性。带头学好专业知识,培养科学精神,模范遵守法律法规、校规校纪和学术规范,不本末倒置、荒废学业,才是一名学生干部的优秀所在。

2. 通过此案例,矫正学生干部不良的工作态度,将为同学服务作为主要目的,从同学中来、到同学中去,认真倾听广大同学诉求,积极畅通校园沟通协调渠道,实心实意帮助同学解决困难,扎扎实实做事,力戒模仿行政化的工作方式。

3. 通过此案例,让广大学生树立起反对官僚主义的意识,营造平等氛围。彼此互相帮助、平等相待,不追求头衔、不装腔作势。

此案例适用于"绪论"之二"时代新人要以民族复兴为己任"、第一章"人生的青春之问"第二节"正确的人生观"之一"科学高尚的人生追求"、第三节"创造有意义的人生"之二"反对错误人生观"的教学使用。

精神价值分析:

1. 学生会的本质是为学生服务的组织。

学生会这一校园机构的设置可以追溯到1919年的五四运动。在那个充满政治风云和思想风暴的特殊时期,一些爱国学生自发地组织起来,成立了学生自治会,负责学生的思想动员和活动组织,为当时的救国运动做出了重要贡献。新中国建立后,国家鼓励高校建立学生会,并通过政策进行规定和引导,各高校的学生会纷纷建立。这一机构倡导自我管理、自我教育、自我服务和自我监督,是党、学校和学生之间的一座桥梁。在本质上，是一支为学生服务的队伍，而相应的"职务层级"，则对应不同的责任和要求，可以说，"职务层级"越高，意味着肩上的责任越重，对自我的要求也就越严格。

2. 受教育的人，应该用理性去对抗崇拜权力的人性。

学生会的设置本身没有错，学生干部对权力的崇拜才是产生学生会官僚化等一切问题的根源。历史上，只要有权力，就会有对权力的追求和崇拜，这是人的本性使然，因此，腐败问题一直是人类无法根除的顽疾。作为大学生的学生干部，他们涉世未深，理性不足，更难以克服内心对权力的追求和渴望。但这并不意味着我们就要对这种学生官气给予谅解和宽容，因为今天他们是学生，明天就不是了，今天只是摆摆官架子，说说官话，明天可能就会成为大官僚、大贪官。受教育尤其是受过高等教育的人，应该用理性去对抗崇拜权力的人性，而不是让其肆意蔓延。作为大学生，需要对这种不良风气及时说"不"。

3. 学生干部需要自律。

在此事件发酵后的2018年10月，北大、清华以及浙大、厦大等41所高校学生会和研究生会发起了联合倡议，并出台了关于高校学生会、研究生会干部的《自律公约》。倡议内容包括共同建设起一支胸怀理想、心系同学并且品学兼优、作风扎实的骨干队伍；倡导社会讲正气、树新风，加快淡化学生社团现有的功利化色彩；要求学生干部具有情怀，珍惜作为代表来服务同学的荣誉以及获得的锻炼机会；提倡公私分明，甘于奉献，学生干部不得借组织平台为个人"镀金"和"铺路"，不得凭借担任学生干部的机会谋求各种"加分""评优"和"保研"等私利；摒弃庸俗习气，努力构建既充满朝气又干净纯粹的组织文化，不吃吃喝喝，不贪图玩乐，不讲求排场；克服精致利己思想，坚决抵制社会不良习气侵蚀。这些倡议都是对学生干部自身修为的要求，只有严以律己，方能体现干部的本色和担当。

教学融入设计：

1. 在绪论适应教育中，教师让有加入学生会或社团组织成为学生干部想法和愿望的学生逐一说出自己的期待和目标，然后引出此案例，让他们分析可能存在的一些隐患或者将要付出的代价，通过对比，再让学生回答"你真的想好了要当学生干部吗"，帮助学生理性分析自己的规划和奋斗的目标，并明确学生干部的本色和职责。

2. 在人生观的教育中，让学生以"学生干部是学生，更是干部"和"学生干部是干部，更是学生"为话题分小组进行辩论，最后教师做引导，以此案例为素材来回答"学生干部究竟应当追求什么"，帮助学生树立起正确的人生观。

3. 在"反对错误的人生观"内容的教学中，教师以"你身边有哪些错误的人生观"为主题，让学生分小组总结和概括生活中的几种不良人生观及其基本体现，然后分析各自内在的本质和危害，教师引出此案例做重点引导，提醒学生注意防微杜渐。

问题拓展探究：

1. 你有想过当领导、当干部吗？为什么？
2. 你对身边的学生干部有什么样的印象和感受？
3. 你认为理想中的领导和干部应当是什么样？
4. 你认为官气十足的学生干部走出校园会有什么样的人生体验？

相关资料推荐：

1. 是学生干部，不是"学生官"，南审青年，2018年11月18日。
2. 刘萍：学生干部不是官 服务初心不能忘，合肥工业大学仪器科学与光电工程学院，中国大学生在线。
3. 高校联合发起学生干部自律公约 网友：学生干部不是官，北晚新视觉网，2018年10月6日。

<<< 第一部分：立志养德

案例4：朋友在哪里？——现实交往很重要

案例呈现：

进入21世纪以来，信息技术突飞猛进，尤其是新媒体技术的迅猛发展，极大地改变了人们的生活方式、交易方式、交往方式和思维方式。足不出户就能知晓全球动态，无须见面就能实现大宗交易，互不了解就能成为亲密朋友，普通路人也能成为网络明星。这个时代给予了更多普通人展示自己的机遇和平台，人们通过各种渠道来展示自己的与众不同，来记录自己的心情起落，期望让更多的人关注自己、了解自己并喜欢自己。抖音、火山视频、陌陌、微信、QQ等已成为当今人们认识新朋友、联系老朋友的主要工具和手段。点个红心点个赞，发个红包发个视频，是大家最普遍的认识和交往方式。

在这些软件里，我们只需要一个句子，或者一个表情包，抑或一个朋友圈甚至只是一个点赞，就能将自己的状态和态度展现清楚，实现间接交流和互动。在网络世界里，我们可以避免现实生活中太多的不适和尴尬。不用担心向领导请假被看脸色的尴尬，不用担心千里迢迢、舟车劳顿的辛苦，更不用担心面对陌生人无法开口的尴尬，也没有究竟穿什么衣服的烦恼，需要隐藏时只需沉默，需要表达时只需露脸。网络的时代给了人们更多的宽容和选择。

因此，越来越多的人将自己的一切搬进网络，工作在网络、生活在网络、情感在网络、生意在网络、朋友在网络、学习在网络，甚至有一些组织还开展了"网络生存"挑战，吸引了大量的网友参加。在这种趋势下，我们看到的，是越来越多的低头族和患上"现实交往障碍症"的年轻人。在街头，在地铁，在公交，在教室，在食堂，在宿舍，在厕所……随处可见拿着手机戴着耳机，沉浸在网络世界的人们。与网络世界中的自由与自信形成反差的是，现实生活中交流的窘迫和无力。经常是好不容易坐在一起的朋友、亲友聚会，满以为的兴高采烈、热情洋溢，最终也沦落为一人一个手机的冷清和尴尬。人们即使面对面，也宁愿在网上聊天，不愿开口对人说话，既没有了与人交往的兴趣，可能也没有了与人交流的能力。难怪有人说，世界上最遥远的距离，不是天涯海角，而是我在你的面前，你却玩着手机。

网络是重要的，但不是最重要的，一切技术的发明和推广，都是为了让人变得更健康、更全面，人不能成为技术和手段的奴隶。只有拿得起，也放得下，适度采用，明确目标，技术才能真正为人类服务。与其沉浸于虚拟的网络交际，不如放眼现实，用真实的努力和奋斗来增强自己的实力，扩大你的人脉，升级你的人生。

教学目标：

1. 通过此案例，帮助学生反省并改变自己的交际方式，培养学生现实互动的意识、增强现实交往能力。

2. 通过此案例，让学生从生活的表象进入生活的内里，找到人生的真正追求和价值所在。

本案例适用于教材"绪论"之二"时代新人要以民族复兴为己任"、第一章"人生的青春之问"第一节"人生观是对人生的总看法"之一"人生与人生观"、第二章"坚定理想信念"第三节"在实现中国梦的实践中放飞青春梦想"之一"理想与现实的关系"的教学使用。

精神价值分析：

1. 大学作为人生的新阶段，需要有新的人生追求。刚来大学，没有了高中繁重的学业压力，许多大学生在浑浑噩噩中尽情地享受和放松，想要弥补中学时代留下的遗憾，天天刷手机、玩游戏、看朋友圈成为普遍现象，以为这样轻松的大学生活就是人生的新阶段。殊不知，新阶段的真正含义是要审视自己的过去、现在和将来，在这个新的起点上规划自己的人生。

2. 人是需要有点理想和追求的。许多大学生一开始也是信心满满，谈起自己的人生都踌躇满志，可是随着平淡的日子一天天过去，理想渐行渐远。还有一些大学生说，谈什么理想？还是现实一点好，计划赶不上变化，爱咋咋地。其实，理想没什么不好，人总是要有点追求，不然跟咸鱼有什么分别呢？没有追求，刷手机、玩游戏久了也会觉得没有意思，因为朋友圈里的，都是别人的生活。用这些方式来打发时间确实没有太大的意义。有意义才会有意思。所以即使想让自己快乐，也应当寻找一种有意义的方式，让自己在有意思当中追求意义，在有意义当中享受有意思。

3. 理想和现实之间的差距就是自己的努力。年轻人喜欢幻想，看到朋友圈里别人的生活就向往。而对于自己，有时候也只是想想，为什么不努力去做呢？有一句话说：想到和得到当中还有两个字，就是"做到"。当我们努力去朝着目标奋斗的时候，其实并没有想象中那么艰难和痛苦，反而能够使自己的内心变得踏实，在不断累积的成就感当中找到自信。当坚持一段时间以后，你会发现，原先的理想已经不再那么遥远，正在自己的努力中逐渐地靠近，再努力一下，它就会变成现实。所以，朋友圈可刷也可不刷，但一定要记得自己的人生和梦想必须要靠自己亲手刷，才会展现自己的精彩。

教学融入设计：

1. 在"绪论"关于适应大学生活的内容中，让学生概括自己和周边同学的基本生活状态，相互指出哪些是有意义的、哪些是无意义的，并说明理由。引发学生对自己现状的反思。

2. 在"人生观"的教育中，教师以"你想要什么样的人生？这种人生是从哪里得知的了解的？"为话题，让学生对自己认知途径和渠道做出梳理和概括，然后教师根据所有同学的发言，找出当前大学生对世界认知方式和路径存在的问题并做出引导，并列出集中被学生忽略的方式，比如去图书馆看书，比如走向社会参与真实的社会生活，比如与自己欣赏崇拜的人现场交流等等，鼓励学生用社交软件以外的方式探索世界。

3. 在"理想教育"专题中，教师让学生以小组为单位，讨论并制定自己的近期理想和奋斗目标，小组成员相互帮助进行理性分析，然后发到朋友圈，并每天发布自己的努力和成果，以一周或一个月为期限，最后评出优秀者。每个参与的学生均写出参与心得。

问题拓展探究：

1. 你喜欢什么样的朋友？你认为如何才能交到这种朋友？
2. 你的朋友主要是通过什么方式交到的？主要的联系方式是什么？你觉得满意吗？
3. 你面对陌生人，能否进行自如的交流？如果不能，如何改进？

相关资料推荐：

1. 微信朋友圈对大学生人际交往的影响研究——基于强弱关系理论的视角，《教育学术月刊》，2015 年第 10 期。
2. 朋友圈式社交对于大学生人际交往的影响分析，中国论文网。

案例5：消费要不要超前？——校园贷的隐忧

案例呈现：

随着社会生产力的提高和人们生活水平的改善，人们的消费欲望不断地增长，越来越多的人开始期望能够预支收入，提前享受，各种名目的贷款业务也就应运而生。其中一些金融公司和不法分子为追求利益将目光投向有巨大消费需求的校园学生，为他们提供门槛极低的校园贷，为校园安全埋下隐患。

2018年11月，武汉市洪山区法院判决了该市首起涉恶校园贷案件。龚某与同在借贷公司工作的何某早年相识，二人在2017年合伙租下一间写字楼开展校园贷款业务，而此时，并未取得任何放贷资质。两人商定一人负责放款和收款，另一人则负责在校园内张贴广告以及催收贷款，主要对象为非武汉籍的大一大二学生。

有需求的学生找到他们之后，二人会让学生签订贷款合同。当贷款到手后，他们以各种理由认定学生存在逾期、违约等行为，并让手下找到学生将他们带回公司。到公司后，龚、何二人通过哄骗、恐吓等方式要求学生立即归还所有本金和高额的利息，并强行收取所谓的"催收费""中介费"等。而当学生表示自己无力还款的时候，他们就会让学生向另一家校园贷公司借款，以高额利息借款的方式来偿还自己的债务，即"以贷还贷"。

受害人小杨因为当月还款到账时间超过约定的中午12点，被龚、何二人单方面认定逾期违约，被要求立即归还剩余的本息共7900元，并需要另付2000元的逾期费。由于小杨没有能力偿还，被要求"以贷还贷"，该欠款经过转贷之后，最终变成了5万多元，小杨无奈选择报警。

随即，武汉市成立专案组对此案展开侦查。

2017年12月20日，专案组民警将主要嫌疑人龚某控制，而何某等其他嫌疑人则闻风而逃。专案组先后奔赴荆门、杭州及上海等地开展抓捕工作，最终所有嫌疑人全部被抓捕归案。

据调查，该犯罪团伙在要求学生还款时，一般不使用捆绑、殴打和拘禁等非法的暴力方式，而是通过言语上的威胁、人数上的聚众造势等对借款人形成心理上的压迫与恐吓。万一遇到学生维权，他们就会以合同为依据坚称是普通的债务纠纷，利用学生不懂法和自己理亏的心理错觉，让学生主动放弃。由于大学生涉世未深，二人屡屡得手。

法院认为，被告人以非法占有为目的，采取要挟的手段，多次勒索他人财物，其行为已构成敲诈勒索罪。根据《中华人民共和国刑法》的相关规定，被告人龚某和何某被判处有期徒刑3年；其他被告人被判处11个月至两年不等的有期徒刑。[1]

教学目标：

1. 通过此案例警醒学生在消费方面存在的巨大陷阱，提醒学生注意合理消费，树立正确的消费观和科学的理财观。

2. 通过此案例帮助学生意识到人生追求对于大学生的意义和价值，帮助学生树立正确的人生追求和价值观。

3. 通过此案例，帮助学生学会分析和批判享乐主义、金钱主义、个人主义等错误的人生观，从而树立正确的人生观。

本案例适用于教材第一章"人生的青春之问"第二节"正确的人生

---

[1] 以上资料参考自法制网，2018年11月23日。

观"之一"科学高尚的人生追求"、第三节"创造有意义的人生"之二"反对错误人生观"、绪论之二"时代新人"、第二章"坚定你理想信念"第一节"理想信念的内涵及重要性"之一"什么是理想信念"的教学使用。

精神价值分析：

1. 大学生需要学会理性消费。大学生正值 18～22 岁的年龄，独立意识逐渐增强，但经济尚未独立，责任意识和风险意识也比较薄弱。他们可支配的资金有限，部分学生面对多姿多彩的城市生活和周围同学无意间的攀比，逐渐滋生虚荣心、产生超出经济支付能力的消费欲望。加之网络购物便捷易达、强大的营销推广五花八门，大学生群体的消费需求被不断激发，许多消费属于非理性的消费，加之还不能识别借贷机构暗藏猫腻的还款要求，很容易陷入校园贷的陷阱。

2. 大学生需要找准自己的人生目标。校园生活美好单一，在校大学生不用直面生存压力，大多难以体会父母的艰辛和人生的真正意义。周边大多都是爱美时尚的年轻人，不自觉地会把穿着打扮当成自己追求的目标，并为此不遗余力地效仿和超越，许多大学生为此而身陷经济危机。一些申请校园贷的学生自认能够尽快还上欠款，结果一步步陷入利滚利的泥潭，最终欠下大额款项。这直接影响他们正常的学习生活，有些给家庭带来巨大负担，更有甚者或陷入裸贷的陷阱，或因受不了逼债的压力而轻生。

大学生作为时代新人，理应在人生最美好的年华为自己定好航向、习得本领，树立正确的人生追求，有了理想，精神上才有了寄托，才会把生活的重心放在学业和本领上，而不是穿着打扮等外表上。

3. 大学生需要反对错误的人生观。面对享乐一类的错误价值取向要有清晰的判断能力，面对经济困难要有正确的认知和行动。

以享乐主义为目的的人生观，把感官的享受当作最大的追求。只消耗他人为社会创造的价值，而自己却不努力为社会创造价值；只追求超前消费的享受，却不关心怎样对自己的行为负责，这对处于人生发展关键时期的大学生来说危害太大了。经济确实困难的学生可以申请国家助学贷款、申请学校设置的勤工助学岗位，还可以在学有余力的情况下从事家教之类的简单兼职。除了树立正确的人生观外，大学生还要培养健康、理性的消费观念，拒绝盲目的攀比消费、负债式的奢侈消费。同时要提高警惕，坚决对利息和"代价"异常的借贷说不。如果不幸陷入非法校园贷的陷阱，要第一时间向老师和家长说明实情、寻求帮助，必要时应毫不犹豫地报警，不听任非法校园贷的侵害。

大学是人生的重要阶段，是人生观和价值观形成的重要阶段，美好的人生目标要靠努力才能成为现实，青年大学生要避免追求享乐和消费至上的毒害。时代只会眷顾坚定者、奋进者、搏击者，要去创造真正有意义的人生。

教学融入设计：

1. 在绪论关于适应大学新阶段的教学内容中，以"你最想过什么样的大学生活？"为话题，展开对大学不同生活状态的梳理，教师做引导，帮助学生摒弃不合理的大学追求。

2. 在理想信念章节中，教师以"如果大学不谈理想，会怎样？"来让学生进行讨论，引发大学生对一些不良现象的反思，最后做总结，帮助学生意识到有高尚的人生追求对于个人所具有的现实意义。

3. 在人生观章节关于消费观的教学中，教师让学生以小组为单位，设计调查问卷，进行课外调查访问，最后整理出相关数据并撰写调查报告，对目前大学生普遍存在的几种不同的消费观念进行评析。

问题拓展探究：

1. 平时如果缺钱了你会怎样？

2. 你了解过校园贷吗？你怎么看待校园贷？

3. 你认为大学生在缺钱时应当选择什么方式来解决？

4. 你认为校园贷背后的深层次原因是什么？怎么解决？

5. 你的大学生活丰富吗？平时无聊吗？怎样解决这个问题？

相关资料推荐：

1：《武汉判决首起涉恶校园贷案件——一审以敲诈勒索罪追究恶势力团伙成员刑责》，法制网，2018年11月23日。

2：《武汉打掉"大学校园贷"涉恶团伙　借款4千元变5万元》武汉晚报，2018年11月20日。

3：湖北武汉一"校园贷"公司被判涉恶　5名嫌疑人一审判刑，中国新闻网，2018年11月20日。

4.《新闻调查》疯狂未了校园贷，央视网，2018年11月17日。

案例6：奋斗吧，青春！
——"中国青年五四奖章"获得者

案例呈现：

中国青年五四奖章评选活动，由青年团中央和中华全国青年联合会联合发起，对象是14~40周岁的中国优秀青年，最终被评选出来的代表将被授予"中国青年五四奖章"或是"中国青年五四杰出贡献奖章"，这是中国青年的至高荣誉。活动的目的在于表彰政治进步、品德高尚并且对社会、对国家做出突出贡献的优秀青年，通过树立先进典型来引导当代青年追求崇高的精神品格。

该评选活动从1997年开始，原则上每年一评选。从2007年开始，颁发"中国青年五四奖章标兵"，每年表彰的人数在10人左右。与此同时，会不定期地颁发"中国青年五四奖章集体"，以表彰在社会主义现代化建设中做出突出贡献、社会影响巨大、示范作用强的以青年为主的先进集体。

所有荣获"中国青年五四奖章"的青年，都是在我国改革开放以及社会主义现代化建设中涌现出来的优秀典型。他们来自各行各业，但都鲜明地体现出了报效祖国、热爱人民的崇高理想和艰苦奋斗、无私奉献的高尚情操，以及锐意进取、不畏艰难的坚韧品格，展现出了当代青年优秀的作风和良好的形象。

部分获奖的优秀青年代表名单（排名不分先后）：

第1届1997年：

（1）秦文贵，青海石油管理局高级工程师；

（2）李斌，上海液压泵厂工人；

（3）刘笑，山西柳林县薛村乡王庄村农民；

（4）公举东，南京军区上海警备区某部八连班长；

（5）宋芳蓉（女，土家族），湖北五峰土家族自治县三坪小学教师。

第2届1998年：

（1）陈永川，南开大学教授；

（2）王玉梅（女），山东济阳县新市村农民；

（3）庄红卫（女），上海庄妈妈净菜服务有限公司董事长；

（4）谭学智，广西第六地质队梧州基地医务所所长；

（5）邱玲（女）广东省军区通信站有线电连话务班班长；

（6）李铁军，福建漳州市巡警支队直属大队大队长。

第3届1999年：

（1）杨元庆，联想集团高级副总裁，联想电脑公司总经理；

（2）胡万毅，铁道部第十六工程局总工程师；

（3）郭雷，中科院系统科学研究所所长；

（4）陈飞，葛洲坝水利水电工程集团公司副总经理；

（5）郭广昌，上海复星高科技（集团）有限公司董事长兼总经理；

（6）刘汝山，胜利石油管理局钻井工程技术公司高级工程师；

（7）刘明，空军某飞行试验训练中心副团长、特级飞行员；

（8）公方彬，军事科学院战役战术研究部副团职研究员；

（9）方红霄，武警云南省总队二支队中队长；

（10）张绍新，广东公安厅刑侦局科长；

（11）王玉荣（女），河南郑州市公安局火车站分局侦察员；

（12）王新全，中国远洋运输（集团）总公司轮机长；

（13）邱汝舜，天津百货大楼电讯商场进口音响部主任；

（14）秦英林，河南内乡县马山口镇河西村农民；

（15）乌兰（女，蒙古族），内蒙古中蒙医医院副主任医生；

（16）孙海涛，南京大学新闻传播系学生。

第24届2020年：

（1）丁良浩，江苏南京鼓楼区方家营消防救援站站长助理，三级消防长；

（2）王萌萌（女），安徽滁州定远县吴圩镇西孔村党总支第一书记；

（3）尤延铖，厦门大学航空航天学院常务副院长，特聘教授，博士生导师；

（4）方荣（女），湖北黄冈罗田县希望小学校长；

（5）方毅，浙江每日互动网络科技股份有限公司董事长兼总经理；

（6）石丹（女），浙江杭州拱墅区职业高级中学教师；

（7）付昊桓，国家超级计算无锡中心副主任；

（8）冯萌萌（女），中国石油大港油田公司第二采油厂作业二区注采二组副组长；

（9）朱斌，宁夏石嘴山市中医医院副主任医师；

（10）朱婷（女），中国国家女子排球队队长；

（11）刘飞，解放军某部训练处飞行技术检查主任；

（12）刘入源，广西玉林博白县桂源农牧有限公司总经理；

（13）刘秀祥，贵州黔西南望谟县实验高中副校长；

（14）张虹（女），哈尔滨工业大学体育部副教授；

（15）张文良（满族），辽宁沈阳造币有限公司钳工高级技师；

（16）张晓菲（女），北京朝阳区青少年指导服务中心主任；

（17）张超凡（女），吉林超凡梦想公益基金会理事长；

（18）陈云霁，中科院计算技术研究所所长助理，研究员，博士生导师；

（19）陈玉浩，武警某部特战训练大队代理大队长；

（20）林浩添，中山大学中山眼科中心副主任，研究员；

（21）赵海伶（女），四川广元青川县恒丰食用菌种植合作社理事长，青川海伶山珍商贸有限责任公司总经理；

（22）秦世俊，航空工业哈尔滨飞机工业集团有限公司数控铣工；

（23）袁伟，解放军某部飞行一大队大队长；

（24）徐州，中铁二局磨万铁路第Ⅵ标项目经理部第一分部二工区工区长，高级工程师；

（25）栾大伟，博奥赛斯（天津）生物科技有限公司董事长；

（26）景强，港珠澳大桥管理局副总工程师，高级工程师；

（27）程桔（女），湖北咸宁崇阳县白霓镇大市村党支部书记；

（28）谢清森，山东七兵堂集团股份有限公司董事长；

（29）潘虎，江苏苏宁物流有限公司快递员；

（30）魏嘉（女），南京大学医学院附属鼓楼医院肿瘤科行政副主任，南京大学临床肿瘤学研究所副所长，博士生导师；

（31）丁仁彧，中国医科大学附属第一医院重症医学科副主任，教授，主任医师；

（32）王颖丽（女，蒙古族），内蒙古自治区第四医院护士长，副主任护师；

（33）邓磊，四川医学科学院、四川省人民医院EICU副主任医师；

（34）朱佳清（女），浙江杭州中医院重症监护室副护士长；

（35）庄志华（女），江苏康为世纪生物科技有限公司总经理；

（36）刘壮，首都医科大学附属北京友谊医院重症医学科主任助理，副主任医师；

（37）刘铖，中建深圳装饰有限公司项目经理；

（38）刘煜亮，重庆医科大学附属第一医院呼吸与危重症医学科副主任医师；

（39）孙晓林（女），青海省人民医院重症医学科护士长，主管护师；

（40）杜云（女）湖北武汉汉阳区龙阳街芳草社区居委会主任；

（41）李东，福建省疾病预防控制中心免疫规划所主管技师；

（42）杨波，中国铁路南昌局集团有限公司南昌疾病预防控制所消杀科科长；

（43）肖思孟（女，满族），河北中医学院第一附属医院（河北省中医院）护师；

（44）吴晨（女），北京协和医学院教授、中国医学科学院肿瘤医院研究员；

（45）何航，中国宝武武汉武钢绿色城市技术发展有限公司海绵公司工程技术部部长；

（46）汪勇，湖北顺丰速运有限公司分部经理；

（47）沈悦好（女），天津医科大学总医院呼吸与危重症医学科监护室护士长；

（48）张正良，西安交通大学第二附属医院急诊科副主任，副主任医师；

（49）张孝田，青岛大学附属医院麻醉科主治医师；

（50）易钊泉，湖南湘潭市第一人民医院重症医学科主任，副主任医师；

（51）罗小小，湖南怀化志愿者协会副秘书长；

（52）周宁，华中科技大学同济医学院附属同济医院心内科副教授，副主任医师；

（53）於若飞，甘肃蓝天救援队理事长，队长；

（54）胡慧（女），武汉大学中南医院感染科护士长，主管护师；

（55）姚秀超，辽宁沈阳橡胶研究设计院有限公司研发中心基础理论与材料研究主任工程师；

（56）唐珊（女），山西医科大学第一医院神经内科护士长，主管护师；

（57）涂可蔼（土家族），湖北武汉市公安局江汉区分局警务指挥处民警；

（58）桑岭，广州医科大学附属第一医院重症医学科副主任医师；

（59）董芳（女），湖北武汉市第三医院重症医学科副主任医师；

（60）潘纯，东南大学附属中大医院重症医学科主任医师。

除此之外，几乎每一年，都会追授一些在自己的岗位上表现突出、因公殉职和牺牲的优秀青年，如2020年追授33人为"中国青年五四奖章"获得者。①

教学目标：

1. 通过了解普通群众的奋斗和经历，让学生明白，青春不是用来享受和安逸的，而是用来奋斗和逐梦的，激发学生的奋斗热情和学习激情，努力做好"时代新人"。

2. 通过了解这些青年榜样的事迹，让学生意识到榜样不是高高在上、遥不可及的，而是默默地存在我们的身边，甚至自己就有可能通过努力，变成自己仰望的样子，树立起"奋斗就有意义，努力才能成功"的人生观和价值观。

3. 通过学习和思考，帮助学生将自己的青春热情与爱国之情、报国之志结合起来，在奋斗中彰显青春的风采。

本案例适用于绪论"时代新人"、第一章"人生的青春之问"第一节"人生观是对人生的总看法"之二"个人与社会的辩证关系"及第二节"正确的人生观"之二"积极进取的人生态度"、第二章"坚定理想信念"第三节"在实现中国梦的实践中放飞青春梦想"之三"为实现中国梦注入青春能量"的教学使用。

精神价值分析：

1. 爱岗敬业。社会主义核心价值观里对于个人的职业态度有明确的要求，就是"敬业"。三百六十行，行行出状元，在强调团队协作的今天，

---

① 第24届"中国青年五四奖章"评选和2020年"全国向上向善好青年"推选结果揭晓，新华网，2020年4月28日。

每一个不起眼的行业都是整个社会的有机组成部分，都是群众生活和社会发展不可或缺的一个组成部分。因此，没有所谓高级和卑微的行业。在普通平凡的岗位上，只要兢兢业业，刻苦钻研，让自己具有执着的匠人精神，再普通的行业也能出技能精英。

2. 做事需认真。任何成功的背后都是无数汗水和失败的累积，只有认真对待每一次的努力，并从失败中总结教训，成功才能到来。上述这些或伟大或平凡的成功，都是凭借一种努力认真的态度换来的，大多数的成功所包含的艰难困苦是常人无法想象的，没有人能随随便便成功。还是一句话：世上事，怕只怕"认真"二字。

教学融入设计：

1. 在绪论"时代新人"内容里，回顾一百年前的五四运动中国青年的模样，让学生思考为什么那时的青年会有那样的举动？这一举动带给中国的影响是什么？继而回到百年之后的新时代，通过间隔百年的岁月变迁，让学生思考新时代的中国需要什么样的青年。

2. 在"理想信念"内容中，让学生找到上述案例与自己情况最接近的一个榜样，详细了解这个人的事迹和经历，假设自己就是他（她），想象他（她）会不会遇到跟自己一样的苦恼和困惑，他（她）是怎样解决的，用榜样的经历来引导学生排除干扰、坚定信念，同时也让学生明白，成为一个优秀的人，一定会有不一样的毅力和坚持。

3. 在"人生价值"内容里，让学生寻找一个与自己相近的一个榜样，为他（她）设计诸多可能的现实选择，并罗列这些选择各自带来的好处和代价，思考这个榜样为什么会在多种选择中最终选择那样一条路。

问题拓展探究：

1. 回顾百年前的五四运动，最感动你的是什么？

2. 你觉得在这一百年的岁月中，中国青年有哪些成长？又有哪些退步？

3. 你最想要什么样的青春？你觉得这种青春在你年老的时候回顾会有遗憾吗？

4. 青年一代在整个民族和国家的发展中有什么独特的价值？

相关资料推荐：

1. 习近平：奋斗是青春最亮丽的底色，央广网，2019 年 5 月 4 日。

2. 部分第 23 届"中国青年五四奖章"获得者和获奖集体风采，新华网，2019 年 5 月 3 日。

案例7：坚韧不拔的贝多芬——将苦难变成力量

案例呈现：

在音乐界，无人不知贝多芬，他既是维也纳古典乐派的代表人物，也是人类音乐史上最伟大的作曲家之一。在他充满坎坷和艰难的57年人生中，为世界音乐贡献出了多部伟大的作品，被后世尊称为"交响乐之王"。贝多芬超凡的成就离不开他坚韧的品格，贝多芬也从音乐界走向更广的领域，成为坚忍不拔意志的杰出代表，位居罗曼·罗兰"人类英勇队伍中的首席"，为世人敬仰、崇拜。

贝多芬出身的家庭应该还算比较优越，父亲曾是宫廷的男高音歌手，他希望能够把贝多芬培养成为像莫扎特一样的音乐奇才，于是在贝多芬只有四岁的时候，就开始教他练习钢琴和小提琴。由于父亲有喝酒的嗜好，因此贝多芬一旦表现不好，就会遭到父亲酒后的毒打。在长久的酒精麻醉之中，家道日益衰落，最后陷入了贫困，贝多芬的学习也是断断续续，几年之后最终辍学。严厉苛刻的教育、由富转贫的家庭，加上长相和身材的不出众，贝多芬养成了敏感而又倔强的性格。

1787年，17岁的贝多芬来到维也纳，拜见了自己的偶像莫扎特。作为早已誉满欧洲的莫扎特自然对这个长相一般、身材有点矮小、演奏技能也不突出的少年没有更多的关注。经历了最开始的紧张之后，贝多芬提出希望再演奏一曲的请求，莫扎特便随便给了他一个主题，然后跑到另一个屋子里和别人聊起了闲天。此时既空灵又有气势的音乐响起，莫扎特下意识地停止了聊天，不知不觉地又回到了钢琴旁，沉浸其中，琴声中传达出的情感和力量，让莫扎特震惊不已。一曲完毕，莫扎特对在场的人说，"注意这个年轻人！——有一天，他会震惊世界！"贝多芬得到了莫大的肯定和鼓舞。五年之后的1792年，贝多芬拜海顿为师，学习作曲。

然而正当贝多芬踌躇满志，想在音乐世界里大干一场的时候，他突然发现，自己的听力在急剧下降。听不见声音，还怎么弹琴，怎么继续自己的音乐之路？屋漏偏逢连夜雨，正在他被听力衰退和前途未知折磨得身心交瘁的同时，他心爱的姑娘又因为门第的悬殊嫁给了别人。健康、事业、爱情，一个又一个的打击接踵而来，命运似乎要将他彻底击倒。

但倔强不服输的个性让贝多芬不甘于命运的摆布，他说，在我的全部使命完成之前，我是不可能离开这个世界的。——这是对命运的宣战！

之后，《第七交响曲》《战争交响曲》横空出世，贝多芬一举成名，维也纳再次掀起了音乐的狂热。但山珍海味老吃也会烦，古典音乐的长期存在也让人们产生了审美疲劳，不久，维也纳的观众和听众们开始欣赏起意大利乐风，贝多芬的音乐因此被视为有点过时的音乐。观众逐渐散去，演出逐渐减少，朋友逐渐远离，收入也在不断降低，没有了基本的收入来源，贝多芬的生活急转直下，陷入窘迫的境地。在那段生计艰难的日子里，为了减少开支，这位音乐家不得不花费更多的时间来精打细算，甚至与人争吵，差不多到了要饭的地步。因为耳朵病情不断恶化，已经完全失聪，他不得不放弃最热爱的钢琴演奏以及指挥工作。

即便如此，贝多芬依然没有放弃，在遭受接二连三的命运打击之后，他艰难地继续着自己的音乐之旅，在失聪的状况下，靠着自己的理解和想象，一点一点地推敲、打磨每一首乐曲，仅是第五交响曲，他就花了八年的时间。最终编写出了七部交响曲，完成了不朽的九大交响曲系列。

耳聋给了他莫大的痛苦，同时也给了他莫大的决心和勇气，"命运扼住我的喉咙，而我扼住命运喉咙的手，始终不曾软下去！"为了心中的梦想，即使步履维艰，也不能轻言放弃。在自己深陷困境、艰难抗争的同时，贝多芬也没有忘记用自己的努力来鼓舞其他正在遭受不幸的人们，希望他们看到一个跟他们一样的人，"不顾自然的阻碍，拼尽一切地成为一个不愧为人的人，而能借以自慰"，正是这种坚强与纯洁，将苦难变成一种力量，最终成就了伟大的贝多芬！①

教学目标：

1. 通过学习本案例，让学生明白：面对人生的困难和苦难，要勇敢。帮助学生树立积极进取的人生态度。

2. 通过学习此案例，让学生意识到理想的实现不是轻而易举的，面对所遭遇的巨大困难和挫折，要学会承受和坚持，帮助学生理解信念的重要性。

本案例适用于教材第一章"人生的青春之问"第二节"正确的人生观"之二"积极进取的人生态度"、第三章"坚定理想信念"第一节"理想信念的内涵及重要性"之二"理想信念是精神之'钙'"的教学使用。

精神价值分析：

1. 身处苦难，却心怀温暖。贝多芬虽然生活中饱受苦难，却在音乐的世界里，用温暖、用力量、用欢乐，来战胜人生的苦难，让人超越权力、富贵、物质、疾病、痛苦、孤独，甚至死亡的束缚，让不甘平庸的人获得朋友般的心灵慰藉，获得继续前行的勇气和力量！让人类超越卑微与渺小，超越平凡与庸俗获得与神同在的尊严！这，才是贝多芬的伟大之处。

2. 与命运抗争的勇气。贝多芬的一生，就是不屈不挠与命运、与人类社会的不平等斗争的一生。他出身寒微，虽遭到诸多不幸与痛苦，可是他有不屈不挠的精神，以及积极向上的进取心，一生与苦难命运搏斗，永不低头，对人生的感触极深，了悟人生的意义，因此在作品中融入不少前人不曾想象的深刻感情，处处充满了自信。这些作品正如灿烂绚丽的万丈光

---

① 以上资料参考自罗曼·罗兰著，《贝多芬传》，安徽文艺出版社，1999年。

芒，照耀着整个生命的园地，展现出崇高的志节与奔放的热情，十分令人感佩，我们应学习贝多芬这种不畏艰难努力向上的情操。他的名言"扼住命运的咽喉"，是他一生精神的真实写照。

教学融入设计：

1. 在人生观的教育中，教师让学生搜集整理自己最佩服的人生，然后给出理由和依据，制作成 PPT，教师评选出优秀作品进行班级交流和展示。

2. 在人生观之"挫折教育"中，教师以"为什么人们经常祝福别人'万事如意''一帆风顺'？"为话题让学生思考现实人生和理想人生之间的区别，让学生意识到现实的人生总是会有不如意，总会遇到坎坷和挫折，要学会坦然面对。

3. 在人生观的教育中，让学生以小组为单位回忆交流自己曾经走过的最困苦的日子，然后寻找走出困难岁月的有效办法，帮助学生树立积极的人生态度。同时意识到理想信念对于一个人克服困难的巨大意义和价值。

问题拓展探究：

1. 你有想过有一天你会遭遇贝多芬那样的困难吗？
2. 怎么理解"世上只有一种英雄主义，那就是在遭遇和了解了生活的苦难之后，依然热爱生活"这句话？
3. 你认为贝多芬除了音乐家，还适合什么样的身份和称呼？

相关资料推荐：

1. 电影《贝多芬传》，优酷网。
2. 罗曼·罗兰著，《贝多芬传》，安徽文艺出版社，1999 年。

案例8：《青年在选择职业时的考虑》
——职业与使命

案例呈现：

1835年，马克思即将中学毕业，究竟是升学还是就业，升学选择哪所学校？就业选择哪个行业？是摆在马克思和同学们面前的一个现实问题。大家就此不得不对自己未来的人生进行选择和规划。有的人希望能够挣大钱，过上资产阶级的奢豪生活，有的人希望成为哲学家或诗人，有的人渴望成为科学家或文学家，有的人打算当一个教士或是牧师，总之，不尽相同。在大家兴奋地在自己所选的职业中憧憬未来的时候，有一个少年，摆脱具体的工种区分，从如何"为绝大多数人的利益服务"的角度开始了自己对未来职业的思考，并在他的毕业作文《青年在选择职业时的考虑》中详细阐明了这种态度。这个少年，就是马克思，那一年，他17岁。

青年在选择职业时的考虑

自然本身给动物规定了它应该遵循的活动范围，动物也就安分地在这个范围内活动，不试图越出这个范围，甚至不考虑有其他什么范围的存在。神也给人指定了共同的目标——使人类和他自己趋于高尚，但是，神要人自己去寻找可以达到这个目标的手段；神让人在社会上选择一个最适合于他、最能使他和社会都得到提高的地位。

能有这样的选择是人比其他生物远为优越的地方，但是这同时也是可能毁灭人的一生、破坏他的一切计划并使他陷于不幸的行为。因此，认真地考虑这种选择——这无疑是开始走上生活道路而又不愿拿自己最重要的事业去碰运气的青年的首要责任。

每个人眼前都有一个目标，这个目标至少在他本人看来是伟大的，而且如果最深刻的信念，即内心深处的声音，认为这个目标是伟大的，那他实际上也是伟大的，因为神决不会使世人完全没有引导；神总是轻声而坚定地做启示。

但是，这声音很容易被淹没；我们认为是灵感的东西可能须臾而生，同样可能须臾而逝。也许，我们的幻想油然而生，我们的感情激动起来，我们的眼前浮想联翩，我们狂热地追求我们以为是神本身给我们指出的目标；但是，我们梦寐以求的东西很快就使我们厌恶——于是我们的整个存在也就毁灭了。

因此，我们应当认真考虑：所选择的职业是不是真正使我们受到鼓舞？我们的内心是不是同意？我们受到的鼓舞是不是一种迷误？我们认为是神的召唤的东西是不是一种自欺？但是，不找出鼓舞的来源本身，我们怎么能认清这些呢？

伟大的东西是光辉的，光辉则引起虚荣心，而虚荣心容易给人鼓舞或者是一种我们觉得是鼓舞的东西；但是，被名利弄得鬼迷心窍的人，理智已无法支配他，于是他一头栽进那不可抗拒的欲念驱使他去的地方；他已经不再自己选择他在社会上的地位，而听任偶然机会和幻想去决定它。

我们的使命绝不是求得一个最足以炫耀的职业，因为它不是那种使我们长期从事而始终不会感到厌倦、始终不会松动、始终不会情绪低落的职业，相反，我们很快就会觉得，我们的愿望没有得到满足，我们的理想没有实现，我们就将怨天尤人。

但是，不只是虚荣心能够引起对这种或那种职业突然的热情。也许，我们自己也会用幻想把这种职业美化，把它美化成人生所能提供的至高无上的东西。我们没有仔细分析它，没有衡量它的全部分量，即它让我们承担的重大责任；我们只是从远处观察它，然而从远处观察是靠不住的。

在这里，我们自己的理智不能给我们充当顾问，因为它既不是依靠经验，也不是依靠深入的观察，而是被感情欺骗，受幻想蒙蔽。然而，我们的目光应该投向哪里呢？在我们丧失理智的地方，谁来支持我们呢？

是我们的父母，他们走过了漫长的生活道路，饱尝了人世的辛酸。——我们的心这样提醒我们。

如果我们通过冷静的研究，认清所选择的职业的全部分量，了解它的困难以后，我们仍然对它充满热情，我们仍然爱它，觉得自己适合它，那时我们就应该选择它，那时我们既不会受热情的欺骗，也不会仓促从事。

但是，我们并不能总是能够选择我们自认为适合的职业；我们在社会上的关系，还在我们有能力对它们起决定性影响以前就已经在某种程度上开始确立了。

我们的体质常常威胁我们，可是任何人也不敢藐视它的权利。

诚然，我们能够超越体质的限制，但这么一来，我们也就垮得更快；在这种情况下，我们就是冒险把大厦筑在松软的废墟上，我们的一生也就变成一场精神原则和肉体原则之间的不幸的斗争。但是，一个不能克服自身相互斗争的因素的人，又怎能抗拒生活的猛烈冲击，怎能安静地从事活动呢？然而只有从安静中才能产生伟大壮丽的事业，安静是唯一生长出成熟果实的土壤。

尽管我们由于体质不适合我们的职业，不能持久地工作，而且工作起来也很少乐趣，但是，为了恪尽职守而牺牲自己幸福的思想激励着我们不顾体弱去努力工作。如果我们选择了不能胜任的职业，那么我们绝不能把它做好，我们很快就会自愧无能，并对自己说，我们是无用的人，是不能完成自己使命的社会成员。由此产生的必然结果就是妄自菲薄。还有比这更痛苦的感情吗？还有比这更难于靠外界的赐予来补偿的感情吗？妄自菲薄是一条毒蛇，它永远啮噬着我们心灵，吮吸着其中滋润生命的血液，注入厌世和绝望的毒液。

如果我们错误地估计了自己的能力，以为能够胜任经过周密考虑而选定的职业，那么这种错误将使我们受到惩罚。即使不受到外界指责，我们也会感到比外界指责更为可怕的痛苦。

如果我们把这一切都考虑过了，如果我们生活的条件容许我们选择任何一种职业；那么我们就可以选择一种能使我们最有尊严的职业；选择一种建立在我们深信其正确的思想上的职业；选择一种能给我们提供广阔场所来为人类进行活动、接近共同目标（对于这个目标来说，一切职业只不过是手段）即完美境地的职业。

尊严就是最能使人高尚起来、使他的活动和他的一切努力具有崇高品质的东西，就是使他无可非议、受到众人钦佩并高出于众人之上的东西。

但是，能给人以尊严的只有这样的职业，在从事这种职业时我们不是作为奴隶般的工具，而是在自己的领域内独立地进行创造；这种职业不需要有不体面的行动（哪怕只是表面上不体面的行动），甚至最优秀的人物也会怀着崇高的自豪感去从事它。最合乎这些要求的职业，并不一定是最高的职业，但总是最可取的职业。

但是，正如有失尊严的职业会贬低我们一样，那种建立在我们后来认为是错误的思想上的职业也一定使我们感到压抑。

这里，我们除了自我欺骗，别无解救办法，而以自我欺骗来解救又是多么糟糕！

那些不是干预生活本身，而是从事抽象真理研究的职业，对于还没有坚定的原则和牢固、不可动摇的信念的青年是最危险的。同时，如果这些职业在我们心里深深地扎下了根，如果我们能够为它们的支配思想牺牲生命、竭尽全力，这些职业看来似乎还是最高尚的。

这些职业能够使才能适合的人幸福，但也必定使那些不经考虑、凭一时冲动就仓促从事的人毁灭。

相反，重视作为我们职业的基础的思想，会使我们在社会上占有较高的地位，提高我们本身的尊严，使我们的行为不可动摇。

一个选择了自己所珍视的职业的人，一想到他可能不称职时就会战战兢兢——这种人单是因为他在社会上所居地位是高尚的，他也就会使自己的行为保持高尚。

在选择职业时，我们应该遵循的主要指针是人类的幸福和我们自身的完美。不应认为，这两种利益是敌对的、互相冲突的，一种利益必须消灭另一种的；人类的天性本来就是这样的：人们只有为同时代人的完美、为他们的幸福而工作，才能使自己也达到完美。

如果一个人只为自己劳动，他也许能够成为著名的学者、大哲人、卓越诗人，然而他永远不能成为完美无缺的伟大人物。

历史承认那些为共同目标劳动因而自己变得高尚的人是伟大人物；经常赞美那些为大多数人带来幸福的人是最幸福的人；宗教本身也教诲我们，人人敬仰的理想人物，就曾为人类牺牲了自己——有谁敢否定这类教诲呢？

如果我们选择了最能为人类福利而劳动的职业，那么，重担就不能把我们压倒，因为这是为大家而献身；那时我们所感到的就不是可怜的、有限的、自私的乐趣，我们的幸福将属于千百万人，我们的事业将默默地、但是永恒发挥作用地存在下去，面对我们的骨灰，高尚的人们将洒下热泪。

——卡尔·马克思 1835 年 8 月 12 日 [1]

教学目标：

1. 通过学习马克思这篇文章，让学生意识到伟大事业的开创是需要有远大理想做支撑的，帮助学生尽早树立科学而远大的理想。

2. 通过学生回顾自己的理想志向与马克思的对比，感受到伟大志向本身所具有的感染力和号召力，激励学生将个人理想与社会理想结合起来，既胸怀人民，又实现自我。

3. 通过学习这篇文章，提升学生对个人与世界、理想与现实、使命与职业之间的理性认识，祛除个人主义、金钱主义、享乐主义，树立正确的

---

[1] 《马克思恩格斯论教育》，人民教育出版社 1986 年版。

人生观和价值观。

本案例适用于"绪论"之一"我们处在中国特色社会主义新时代"、第一章"人生的青春之问"第一节"人生观是对人生的总看法"之一"人生与人生观"、第二章"坚定理想信念"第二节"崇高的理想信念"之一"为什么要信仰马克思主义"、第四章"践行社会主义核心价值观"第一节"全体人民共同的价值追求"之一"社会主义核心价值观的基本内容"的教学使用。

精神价值分析：

1. 人是可以有选择的。当前许多学生在谈到就业和职业选择时总是会说，就业，不就是为自己找个好饭碗吗？谈理想，太奢侈，会被别人笑话的，还是实际点。好像就业的目的就是为了谋生，职业也无非是谋生的一个方式。而至于理想，自然应当是能找到可以为自己提供更好生存和生活条件的职业。一切似乎就是这么简单：生存面前，别无选择。

然而，人和动物的区别在于能够选择和不能够选择，在于主动和被动。同样，拥有创造能力也是人的一大优势，这取决于人能够思考问题、学习和模仿的能力，这也是人远比其他生物要优越的地方。因为有这些最为基本的优势，所以做选择是人无法逃避的命题。如果读到大学，仍旧是为了生存，那么为什么不早点去社会闯荡，或者早点去学几门谋生的技能，而要浪费这许多的年华和金钱呢？读书，上大学，绝对不仅仅是为了生存，还要寻找我们人生的意义，还要规划自己的价值，要能够在基本生存之上建立自己想要的生活体系和生活方式。所以，除了谋生，我们其实可以有更多的选择。

2. 人的选择是与自己的社会关系相联系的。人活在世上，除了为活着而活着外，其实还有更多的选择，但这些选择绝不是不受任何限制，随心所欲的，与其他活动一样，所有的选择都要受到自己所处的社会地位以及社会关系的影响和限制。年轻人在填报志愿以及选择职业时，会受到家庭和父母很多的要求和影响，存在或多或少的无奈感，这都是正常的，也是必然的。所谓的自由，并不是无拘无束，放任自我，而是在多个方面、多种影响之下最终做出的自我决定，可以说，在很多时候，没有任何约束和影响的纯粹自由就是不负责任的自我放纵。理性自由应当是在多种因素综合考量之后形成的，是对自我意愿有一定调整和限制的自由。没有听取内心真实的声音，没有考量自身的环境，没有参考年长一辈的经验，没有对自身能力有切实的评估，仅从自己的所谓愿望和喜欢去选择自己的未来，这是绝对不负责任的。

3. 选择应当是严肃的。人的一生只有一次，在人生重大和关键的事情上，所有的选择都应当是谨慎而严肃的。职业的选择是关系到一个人未来生活道路以及生存状态的重大问题，涉及人生目的、人生态度和人生价值，能够具体而完整地体现出一个人的人生观，并且职业一旦选择就意味着我们要为此付出自己的心血和努力。一时的兴趣、偶尔的激情、旁人的期盼以及个人的虚荣，都不能简单地成为职业选择的理由和依据，而应当采取理性的态度和综合的办法，从最远的时空、最深刻的影响和最想要的目的上来综合评估各方面的利弊得失。马克思心里装着全人类，职业的选择就必然会以绝大多数人的利益为中心，以如何实现更多人的长远利益为方向，这也是他最想要达到的目的和最核心的标准，既没有受到旁人的影响，也不是三分钟热情所决定。因此我们在选择职业时，不能头脑发热，也不能老看别人，只有在综合各种现实的条件以及自己未来的规划和目标时，才能做出严肃而理性的选择。

4. 选择应当是尽可能高尚和远大的。当许多人在考虑何种职业带给自己的利益最大时，马克思却把关注的焦点转向更多人的利益。他认为，一个人如果仅仅是从如何让自己得到好处出发，只考虑个人欲望的满足，虽然也有可能成为自己想要成为的那种人，比如才华横溢的诗人，或聪明绝顶的学者，或显赫富贵的大亨，但是绝不可能成为一个伟大的人，甚至也不可能得到真正的幸福，因为他的事业是渺小的，而幸福也是自私的。只有当一个人选择了为整个人类谋福利的职业的时候，他的价值才能放大，他所拥有的幸福也就不再是有限的、自私的快乐，而是真正的幸福，他会因为这种幸福而产生不可摧毁的强大意志力，无论什么样的重担都不会把他压倒。即使是在生命消失之后，他为人类做出的这种努力也会成为一种强大的精神支撑，让更多的人面对他的骨灰洒下热泪的同时获取新的力量，奋勇向前。而他也会因为这种努力成为一个伟大的人，被后世所铭记。

教学融入设计：

1. 在绪论关于"新时代"的介绍里，以小组为单位让学生联系自己家庭的实际说出中国从"站起来"到"富起来"，再到"强起来"带给一代人和几代人的巨大人生变化，然后分析这些成就是如何取得的，小组总结后进行班级交流。教师通过引导，帮助学生分析个人主义、金钱主义、享乐主义的危害和后果，并在此基础上畅谈自己在社会主义新时代里，会有怎样的人生，怎样才能不辜负这个时代，让学生将自己的人生思考与时代结合起来。

2. 在"适应教育"关于适应大学生活中，让学生畅谈对于自己所学专业在社会中的意义和价值，然后追问"你打算如何体现这种专业的价值和意义？"让学生在大学之初，意识到任何专业都对社会的发展有着不同的意义和价值，而不仅仅是为了自己更好地谋生。

3. 在"理想教育"中，让学生梳理自己"童年""少年"和"青年"几个不同阶段的理想，然后概括出其中的相同点和不同点，找寻到内在的规律变化，教师引导得出"随着人生的发展，理想也不再是自己一个人的事"。家庭、社会、时代都会对一个人的理想产生这样那样的影响，所以一个科学的理想，必然会在权衡各种社会关系和各种利害得失中产生。然后引出本案例，结合学生自己刚才的总结和心得进行比较，让学生在这种比较中感受差距带来的震撼，在了解马克思人生的同时也产生对为什么要信仰马克思主义的深刻思考。

4. 在"人生观"的教育中，通过分析人的本质是"一切社会关系的总和"，让学生反向思考"既然种种社会关系塑造着一个人的本质，那么每个人是不是就很难做回自己？"让学生讨论发言，阐明理由。最后教师引导得出：尽管人的本质是社会关系的总和，但人是可以通过选择不同的社会关系走出属于自己独有的人生之路的。让学生明确人生的制约性和选择性之间的辩证关系。

5. 在"职业道德"或"社会主义核心价值观"的"敬业"教育内容中，让学生结合自己所学专业以及将来可能从事的职业探讨对自己的职业道德要求，在综合各个方面的答案后，以"你认为最大的职业道德是什么？"为话题引导学生将职业道德与为人类服务联系起来，提升他们对职业意义和价值的认识。

问题拓展探究：

1. 你有过自己觉得高尚伟大的理想吗？为什么放弃？为什么坚持？

2. 你在中学时思考过关于整个人类和民族发展的问题吗？因为什么原因思考的？

3. 你觉得伟大的事业一定需要远大的理想吗？为什么？

4. 你现在有什么样的择业观点？你觉得这种观点正确吗？

5. 你在选择职业的时候，更看重薪水、发展前景、个人兴趣还是其他？

6. 如何理解梁启超的这句话："凡职业没有不是神圣的，凡职业没有不是可敬的。"

7. 习近平总书记说："青年时代，选择吃苦也就选择了收获，选择奉献也就选择了高尚。青年时期多经历一点摔打、挫折、考验，有利于走好一生的路。"对此，你如何理解和回应？

相关资料推荐：

1.《马克思恩格斯论教育》，人民教育出版社1986年版。

2.《马克思恩格斯全集》第40卷，人民出版社1982年版。

<<< 第一部分：立志养德

案例9：2019年"最美大学生"
——怎么才算美？

案例呈现：

"最美大学生"事迹发布活动，是由中央宣传部和教育部于2019年联合发起的，其目的主要是深入学习和贯彻习近平新时代中国特色社会主义思想以及习近平总书记关于教育的重要论述，并充分展示当代高校辅导员和大学生的奋斗精神，树立当代大学生的优秀榜样。在此之前，教育部曾先后举办过11届的"高校辅导员年度人物"评选活动以及14届"大学生年度人物"的推选展示活动，本次表彰的"最美大学生"和"最美高校辅导员"，就是从这些历届辅导员年度人物以及历届大学生年度人物中遴选出来的，共有10位杰出代表。

清华大学2015级本科生于纪平：热爱超算，守护荣誉

2018年，清华大学的学生超算团队参加了全部3场超算的国际赛事（ASC、ISC、SC），最终包揽全部冠军，这个成绩使得清华超算团队又一次实现了"大满贯"，而上一次大满贯是在三年前的2015年。这是唯一一支在大学生超算竞赛中实现"大满贯"的队伍，而该队的队长却是一位本科生——于纪平。

作为高性能计算领域的一项重要国际赛事，SC18国际大学生超级计算机竞赛在达拉斯举办，参赛队伍需要在3000瓦功率以内搭建起计算机集群

系统，并在此基础上展开6个应用程序的性能比拼。

按照赛前安排，于纪平和另外一位队员共同负责解决神秘应用。比赛时间过半时，对于第二个数据点的编译问题还一直没有解决，队员们都异常紧张，直到比赛最后一天的早上6点，这一问题才被成功解决，大家也才得以长舒一口气。当其他队员过来接替工作时，紧张奋战一宿的于纪平和队友终于可以稍做休息。

由于是团队作战，作为队长，除了拥有过硬的个人本领，更要兼具良好的沟通和统筹协调能力。经过三天两夜的赛场厮杀和鏖战，于纪平所带领的清华超算团队终于赢得这次比赛的总冠军。

因为兴趣，所以投入。因为热爱而坚持，因为坚持而守护荣誉。

电子科技大学2013级博士研究生马天琛：抓住机遇　沟通你我

作为一名在校学生，马天琛一直渴望能够与更多的大学生一起交流，但遗憾的是，无论是在他读书还是留学期间，一直缺乏这种交流平台。2013年，马天琛考取了电子科技大学的博士研究生。这是一所以电子信息学科著称的大学，校园创新氛围浓厚，在这里，马天琛想把梦想变成现实，他开始着手解决大学生互通的难题，尝试建立一个为大学生提供交流与沟通的网络平台。

这一年9月，教育部在全国7所高校进行高校校园网络文化的专项试点建设，电子科技大学是试点之一。马天琛抓准这一机遇，组建了自己的团队，经过探索，终于建成了一个校园移动交互平台，其服务范围几乎覆盖大学生生活的全部，成为教育部网络文化的试点产品之一，在首届全国高校名站名栏的评选活动中荣获"全国高校优秀网络栏目"的奖项。之后，为响应大力加强网络文化建设以及高校思想政治教育及党建工作的国家号召，马天琛又带领团队自主研发了以"皆知"为核心的数字文化建设及思政党建教育云平台。

该平台是公共文化服务体系以及党建思政学习教育体系的重要组成部分，涵盖高校文化、思政党建、公图建设、教育扶贫、电子商务等多个领域，为校园数字文化建设以及党建学习教育活动的开展提供了具体可行的线上线下一体化解决方案。

抓住机遇，发挥特长，才能梦想成真。

北京大学 2014 级博士研究生王绍鑫：化废为宝　科技环保

作为一名资源循环科学与工程专业的研究生，王绍鑫致力于将新技术运用于环境污染的治理。随着城市化和工业化的发展，产生了越来越多的工业废渣、废气和废水，这些废渣大量堆积在地面上，不仅占用土地，还会导致土壤和地下水的污染，废气、废水也直接造成了大量的水污染和空气污染。在王绍鑫看来，这些"废物"是可以通过一定的技术手段进行处理，最终变成新型绿色的产品的。

在长期与这些工厂排放的废渣与废气打交道的过程中，他努力变废为宝，将这些废物变成了各种新型绿色板材、陶瓷材料以及建筑复合墙体等具有高附加值的产品，目前已经获得 7 项国家发明专利。

王绍鑫和同学在导师的指导下，将固体废弃物资源化产品进行整合，设计出了一款成本低，同时又方便拼装，并且具有良好的保温效果的节能房屋，即"循环低碳家庭体验馆"，在国家"十二五"科技创新成就展上以实物的形式进行了展示。

不仅如此，他还将创新的理念带到自己所在的党支部，应用在工作的点点滴滴上，与同学们共同致力于中国工业的低碳发展。

除了以上三位优秀代表外，获得"最美大学生"的还有：

让尖端科技服务百姓民生的中国科学技术大学 2017 级博士研究生吕松；

不向命运屈服、播撒自信阳光的南京大学 2016 级硕士研究生刘敏；

创建学"习"社、自己来讲思政课的东北师范大学 2015 级本科生刘强；

科研有力、生活有趣的四川大学 2016 级博士研究生刘燚；

见义勇为、一身正气的西安财经大学 2016 级硕士研究生李二阳；

忠于使命、投笔从戎的南开大学 2015 级本科生阿斯哈尔·努尔太；

失明不失志、用奋斗点"心灯"的武汉理工大学2015级本科生黄莺。

教学目标：

1. 通过学习"最美大学生"的事迹和基本情况，帮助初入校门的大学生了解大学应该树立的基本方向，帮助学生做好个人的大学规划。

2. 通过分析把握"最美大学生"身上体现出来的基本素质和共同特征，明确时代对于"创新"尤其是科技创新的迫切需求。

3. 通过学习这些大学生的事迹，让学生明白"德""才"并重"德"为先的重要性。

本案例适用于教材"绪论"之二"时代新人"、第二章"坚定理想信念"第三节"在实现中国梦的实践中放飞青春梦想"之一"理想与现实的关系"、第三章"弘扬中国精神"第三节"让改革创新成为青春远航的动力"之三"做改革创新生力军"的教学使用。

精神价值分析：

1. 生活的信念和信心。人的一生都将经历许多磨难，有时候还要经历非常艰难的苦难生活，在这种苦难面前，有的人选择了妥协和软弱，有的人选择了逃避和解脱，还有的人选择了坚强，咬紧牙关与苦难顽强战斗。黄莺在面对光明的缺失的时候，默默选择了坚强，通过顽强的毅力在生命的黑暗之中为自己点亮一束光，最终让这束光照亮自己人生的同时也为更多身处黑暗的人们带来了希望。有这样一句话：经历了生活的磨难之后仍对生活抱有无限的热爱的人，才是真正的英雄。所以，年轻人，即使生活再艰难，也不应当失去奋斗的勇气和活下去的信心。

2. 生命的意义。我们总是说，活得没意思，那么怎么活才算有意思呢？这其实是个关于人生意义的思考。当我们在花天酒地、挥霍青春、肆意妄为之后，并没有得到想要的快乐和幸福，反而感到深深的无聊、失落甚至愧疚时，才发现这些原来并不是生命真正的意义。那么什么样的人生，才是最幸福、最自豪、最向往的呢？让我们看看阿斯哈尔·努尔太的人生，看看刘燚的人生，看看吕松、王绍鑫等大学生的人生，你就会发现，原来，青春和生命还可以这样度过。

3. 青年人的责任担当。身处大学，身为青年，总要去思考一些似乎与自己没什么关系的事情，比如时代、比如国家，这些思考终将会让自己找到未来的方向。黑格尔说，一个民族需要一些仰望星空的人。仰望星空，才能发现这个民族和国家未来的走向和自己的使命担当。所以，年轻人在为身边、眼前事务疲于奔忙的时候，需要停下来想一想未来，想一想远方。人生，有的时候不是自己一个人的事，在久远的时空里，很多人，与我有关。

4. 坚持方能看到希望。一些人觉得自己作为一个大学生，似乎没有什么本领来肩负历史使命。总是说，看不到希望，那还努力什么？殊不知，世上很多事情，不是因为看到希望去努力，而是因为努力才看到希望。无论是科技攻关，还是国家竞赛，抑或是生活中的磨难，都是在坚持不懈的努力下才获得的成果。

教学融入设计：

1. 在绪论"时代新人"中，让学生思考概括时代新人的基本素质能力，通过学习这些大学生的事迹，与自身情况进行衔接，找到最适合自己的努力方向。

2. 在"理想信念"章节中，让学生回忆生活中遭遇过的最大的磨难以及自己克服磨难的方法，然后让学生学习案例中的相关代表人物，假设自己遭遇的是他（她）那样的情形，自己会有什么样的心路历程和经验体会。

3. 在"中国精神"一章中，对于新时代爱国主义的表现，让学生进行梳理概括，然后根据案例找出最为核心和重要的"创新精神"，并与案例进行结合，阐述"创新"的主要表现是"科技创新"。

问题拓展探究：

1. 你最佩服的大学生是什么样的？为什么？

2. 你最想成为什么样的大学生？为什么？

3. 你觉得未来的中国对大学生最看重的能力和要求是什么？

4. 有人说，如果青春时代没逃过课、没玩过通宵、没谈过恋爱、没抽过烟喝过酒，是不完美的青春。你怎么看？

相关资料推荐：

2019年"最美大学生"事迹扫描，中国教育新闻网—中国教育报，2019年6月24日。

案例 10：网红馆长单霁翔——故宫看门人

案例呈现：

近年来，有一位博物馆馆长将年近 600 岁的故宫推上了潮流时尚的舞台，既卖萌又耍酷，让不少年轻人爱上了这个曾经的皇宫和它所拥有的历史。他就是自称"故宫看门人"的前任故宫博物院院长单霁翔。

2020 年是故宫 600 岁的生日，单霁翔的愿望是能够把恢宏壮美的紫禁城"完整地交给下一个 600 年"。

勤于行走的"看门人"

作为故宫博物院的第六任院长，单霁翔自称"故宫看门人"，上任后的第一件事，就是把家里走一遍。每一间房屋、每一个院落，都要走到，只要不出差，他都会行走在故宫里，5 个月后，单霁翔终于弄清楚了这座规模最大的古代宫殿建筑群，同时也走坏了二十多双布鞋。经过他的实地考察，故宫古代建筑九千九百九十九间半的说法并不准确，经过统计，故宫现有的建筑数量实际只有 9371 间，其中紫禁城内 8728 间，城外端门、大高玄殿以及御史衙门等处 643 间。所存文物数量是 1807558 件（现在已更新为 1862690 件），每一个数据，都深深地印在这个接近退休的"故宫看门人"的脑子里。他笑称，几百年来，走遍故宫的只有自己和自己的秘书。

爱管细节的"看门人"

虽然每天的事务安排得很满，行走得很累，单霁翔仍旧不会放过任何的细节，比如游客扔掉的垃圾和烟头，仅2013年，他就捡起了1000多个烟头。

作为世上最大木质结构建筑群的故宫，防火始终是第一要务。单霁翔要求无论是工作人员还是游客都要禁烟。烟头少了，火灾隐患也就降低了。并且他还要求垃圾在被丢弃后的两分钟内，必须被清扫掉。有了这个规定，无论是开阔的广场还是看不见的角落，都变得干净整洁多了。北京旅游委主任曾在故宫走了40分钟，"没有找到一片垃圾"。单霁翔认为每一个细节都关系着故宫的颜面，一定要做好，当把一件件的小事做好了之后，"就会看到大变化"。

致力开放的"看门人"

最开始，故宫的馆舍只对外开放30%。远远达不到"一个真正的博物馆"的标准，藏品再丰富，绝大多数都看不到，极大地影响了故宫文化的影响力和传播度。于是，他下定决心加快修缮和开放的步伐。至2016年，故宫所开放的面积已经达到76%，预计2025年将增至85.02%。

故宫开放区域增多，在激发游客参观热情的同时，也带来一些新的问题，如排队时间过长、参观时间有限等。有时候观众为了看一场展览需要排将近七个小时的队，而要想避开人流量高峰，那就需要起个大早，宫门一开，就立马进去。为解决这一问题，单霁翔向观众承诺：不看完不闭馆！有时送完最后一拨观众已经到晚上，甚至半夜了，这在方便观众的同时无形中也加大了馆舍管理的工作量。为此，单霁翔又做出实行每日8万人次限流的措施，这样，既解决了排长队、人挤人的问题，也缓解了工作人员的工作压力。

故宫在加大馆舍开放力度的同时，与世界其他文明之间的交流和对话也在增强。2015年，故宫博物院邀请国内外著名博物馆馆长相聚故宫，主办了"紫禁城论坛"；2016年，故宫博物院又邀请埃及、希腊等其他文明古国的文化学者和政府官员，共同举办了"世界古代文明保护论坛"，通过了《太和宣言》，为传承人类古老文明和保护世界文化遗产做出了自己的努力。

传承创新的"看门人"

单霁翔明白，故宫文化的传承最终还是要靠年轻人。如何创设一些吸引年轻人的文化项目，是这位"看门人"一直关心的问题。

随着《我在故宫修文物》纪录片的推出，文物本身的匠心独运、巧夺天工受到观众瞩目，背后用赤忱的热爱和高超的技术来守护这些国宝的大国工匠们更是受到人们的赞许和追捧，一度成为网红纪录片。接着，数字音乐专辑《古画会唱歌》发布，古画动了起来、活了起来；主题漫画《故宫回声》推出，惊心动魄的文物长征被一一呈现；创新实验室成立，《千里江山图》等名作获得清晰立体的再现——

不仅如此，9000多种文创产品陆续面市，卖萌的皇帝、搞怪的嫔妃，将冷冰冰的文物以逗趣的方式呈现在人们的面前，受到了人们尤其是年轻人的追捧。虽是创新，但并不反叛，所有的文创产品都要"带着博物馆的尊严进入市场"，这是单霁翔的创新原则，也是他的底线。正是这种坚持，让所有故宫的文创产品既有新意，更有底蕴，具有别具一格的"高级感"。就是这些不起眼的小玩意儿们，将传统的文物一下变得有血有肉、生动形象，将一些对故宫文化不太了解也不太感兴趣的人，一下子变成了中国文化的"脑残粉"。

在文创产品四面开花的同时，公益教育活动也在如火如荼地展开，目前，故宫每年举办的公益教育活动都超过1000场，孩子们通过穿朝珠、画龙袍和做拓片等实践活动，逐渐走近历史，体会和感受源远流长的中华文化。

随着越来越多年轻人的加入，故宫以及其所蕴藏和代表的中国文化将被更多人了解和热爱。2020年，故宫迎来了它的600岁生日。在这些年轻人的努力下，我们相信，故宫将会开启下一个属于自己的时代。①

---

① 以上资料来自微故宫公众号。

教学目标：

1. 通过此案例帮助学生关注和了解中国传统文化的博大精深，激发他们的爱国之情。

2. 通过此案例，帮助学生意识到优秀传统文化创新的重要性。

3. 通过此案例，让学生养成关注传统文化、传承传统文化的意识和习惯。

此案例适用于教材第三章"弘扬中国精神"第二节"爱国主义及其时代要求"之一"爱国主义的基本内涵"、第三节"让改革创新成为青春远航的动力"之三"做改革创新生力军"的教学使用。

精神价值分析：

1. 心中有人民，人民才能记心中。故宫的走红背后是其公共服务人性化水平的提升。从重管理到重服务，故宫最重要的理念之一是方便观众。用诚心、清心、安心、匠心和热心，来换观众的称心、开心和舒心。正是把人民的需求和感受放心中，故宫才能真正地实现服务的品质升级和文创市场的顺利拓展，也正是因为心中有观众，观众才能将故宫放心中，文博网红不容易，只因故宫心里想着你。

2. 文化传承需要交流。故宫所承载的历史和文化，不能仅仅停留于博物馆和历史书，要想传承，必须走进人们的时代，必须走进人们的生活。既要与当代流行文化对话，更需与异国文明交流，不能守旧被动。只有主动出击，向当代展示自己的历史特色和魅力，才能跟上时代的步伐，展现自己蕴藏的文化资源，不被历史所淘汰。也只有多与其他文明进行交流，才不会成为井底之蛙，理性审视自己的优劣长短，为发展找到方向。

故宫，不仅是曾经的皇家宫殿，更是展示和传播中国优秀传统文化的平台，更是推动世界文明交流互鉴的生力军。

3. 文化传承需要创新。故宫的走红是新时代文博事业创新发展的一个典型。不走寻常路，主动出击，发挥"网红效应"，故宫在600岁的时候迎来了新的生机和活力，并带动了国内一大批文博机构的创新尝试。为传统文化尤其是文博领域的继承和创新发展提供了新的模式，积累了新的经验。

当我们站在新时代的历史节点下，回望600岁的故宫及其"看门人"，我们可以发现，故宫的走红，是一段从"活起来"到"火起来"的历程，也是一段文化自信和自觉的历程。故宫及其所承载的文化，正是在发展中不断地自我调整，在保持核心文化基因——工匠精神的同时与现代社会的创新精神相汇合，进行了自我开发和转变。文物从皇家的高冷器具转变成充满烟火气的民间玩意儿，文化也逐渐跨越时空被当代百姓所接受。传承需要依靠创新，创新才能更好地传承。

教学融入设计：

1. 在"爱国教育"中，以"你去过哪些历史人文景点，印象最深刻的是哪里？为什么？"为主题，让学生自由发言，教师进行引导，引入该案例，让学生思考和归纳历史文化景点本身应当展现出来的风采，激发学生的爱国之情。

2. 以"你认为物质文化遗产和非物质文化遗产在保护和挖掘上应注意哪些问题"为主题，让学生对爱国的两大基本要求做出具体诠释，用此案例说明，以加强对内容的理解和运用。

3. 在创新内容的讲授中，教师介绍此案例，让学生现场通过网络搜集故宫网红文创，选出自己最喜欢的一种，并说明理由，以此加强学生对传统文化创新的感性理解和理性思考。

问题拓展探究：

1. 你认为传统文化创新会导致传统文化"变质"吗？为什么？
2. 你对故宫最直接的理解和印象是什么？
3. 如何评价单霁翔"故宫看门人"这种称谓？

相关资料推荐：

1. 故宫："网红"是如何炼成的？腾讯网，2019年5月1日。
2. 故宫为什么会成为网红？人民网，2019年9月3日。
3. 纪录片《我在故宫修文物》，央视网。
4. 纪录片《如果国宝会说话》，央视网。

案例11：文化传承和创新的典范——敦煌

案例呈现：

国家由民族组成，而民族则由文化来支撑，正是有了共同的文化，民族才具有凝聚力和向心力，对于一个多民族的国家来说，尤其如此。

一个民族对自己的文化有自信，既是文化生命力的表达，更是该民族凝聚力的体现。作为地大物博并且历史悠久的东方大国，中国文化在内容上包罗万象，在派别上兼收并蓄，在地域上纵贯南北东西，敦煌及其所代表的文化就是其中之一。

敦煌文化的历史

对于"敦煌"这个词汇，最早记录于《史记》中的《大宛列传》中，一般认为是"广大、堂皇"的意思，也有学者认为是来自西域一个少数民族所用语言的音译。西汉时期，汉武帝对匈奴实施了反攻后，因为该地"水草丰美，翠色遍植"，于是便大力发展和建设敦煌。张骞出使西域，使其成为连接整个欧亚大陆的重要枢纽，中原的丝绸和瓷器与西域及中亚的马匹、葡萄酒等特色产品在敦煌集散，东南西北不同民族和地域的商人、马队在此聚合，与货品贸易同步展开的是欧洲文化、中亚文化和东方文化的相互交织与碰撞。可以说，丝绸之路的开辟，奠定了敦煌多样文化和思想交汇的基础。其形成的历史，至今已有2100多年。

魏晋隋唐时代，由于中原地区的混乱，地处偏远的西北地区有了较多的发展机会，虽然存在多个割据政权，但总的来说，因为没有战乱的破坏，地处西北的敦煌越加富庶繁华。敦煌文化的典型代表——莫高窟在这个时期开始形成，规模不断地扩大。

宋元时代，伊斯兰文化开始进入西域，儒家文化、佛教文化和新来的伊斯兰文化开始相互融合，莫高窟迎来鼎盛期，大量精良的壁画和彩塑作品不断被创作出来，风格也不再古朴简易，而开始带有瑰丽浪漫的色彩，例如大量描绘佛教飞天的壁画彩绘，用色大胆，风格奔放，有着极高的艺术成就。

元代以后，西北地区的气候开始出现比较大的变化，原本湿润温暖的敦煌开始变得干旱少雨，风沙天气随之增加，恶劣的气候使"丝绸之路"不再热闹如昔，敦煌文化也从此渐渐衰落。

敦煌文化的重新发现及保护

直到1900年，一个叫王圆箓的道士在清理莫高窟的过程中，无意间在16窟发现了一个藏经洞，里面保存着大量历史文本、绢画、刺绣等文物，共计有5万多件，时间跨度极大，从公元4世纪一直到公元14世纪。正是这次发现，复苏了沉寂了好几百年的敦煌文化。

遗憾的是，这次发现也吸引了西方列强的注意力，他们以考古研究的名义，对莫高窟存放的文化瑰宝进行了堪称毁灭式的勘探和掠夺式的转移，敦煌艺术的完整性受到极其严重的破坏，给后来对敦煌文化的进一步研究带来了不可估量的损失。

为防止文物的进一步流失，1944年，正式成立国立敦煌艺术馆。中华人民共和国成立后，国家高度重视敦煌文化的保护，即使是在困难时期，依然先后于1951年和1962年两度拨款，用以抢修敦煌莫高窟，灿烂的敦煌遗迹才能保存至今日。

20世纪，著名学者陈寅恪提出了"敦煌学"这一概念，用以专门进行敦煌文化的学术研究。季羡林先生认为世界上既自成体系又影响深远的文化体系其实只有四个，分别是中国文化、印度文化、希腊文化和伊斯兰文化，而这四个文化体系汇流的地方只有一个，就是敦煌及新疆。说明敦煌文化对于中国的文化自信有重要意义的同时，对于促进世界文化融合，建立人类命运共同体也有着与众不同的积极意义。

随着"一带一路"的发展和国际交流合作的深入，敦煌又迎来了新的发展机遇。世界文化名城的身份吸引越来越多的游客来到敦煌参观游览和感受敦煌文化的魅力，敦煌也在竭尽所能地为游客带来全新的参观体验感受。2014年，敦煌莫高窟数字展示中心顺利建成，迎来了敦煌文化旅游的新模式，观众通过"数字敦煌"的电影和"虚拟洞窟"的球幕缩放实拍展示，在有效避免人为参观可能带来的破坏的同时，也能够保证让游客获得与实物面对面产生的参观体验，堪称革命性的变革。不仅如此，用科技手段来保护和研究文物的步伐也迈得越来越大。不仅建立了壁画保护的科技体系和数字档案，实现对壁画的及时监测和对照，还建立了"数字敦煌资源库平台"，将30个洞窟的高清图像进行全球分享，为全球敦煌学的研究和多元利用提供基本素材。

在运用新技术手段加强文物保护的同时，数字文化产业也是欣欣向荣：民族舞剧《丝路花语》将洞窟壁画的经典形象之一"反弹琵琶"搬上了舞台，经典动画《九色鹿》讲述的也是洞窟壁画里的故事，从3D版的莫高窟壁画展，到大型情景融入式演出《又见敦煌》，从个性时尚的多样文创"思路手信"到网易《大话西游2》开启的"守望敦煌计划"，敦煌千年的色彩艺术和敦煌之美在数字时代得到了更为全面的展现。在这种努力下，当代的人们，想接近敦煌，早已是咫尺之间，而不是千里迢迢。

文物背后是历史，是文化，保护好文物，才能保护好文物背后的历史和文化，尊重并传承好优秀的历史文化，是树立文化自信的重要基础，不仅是莫高窟，不仅是敦煌，其他，也是一样。

正是在这种保护和利用中，文化获得了新时代所具有的意义和内涵，这是传承的最佳方式，敦煌文化，正沿着这种思路走向更加璀璨夺目的未来。[1]

---

[1] 以上资料来自：石明秀，敦煌文化源流及传承探论，学习强国，2020年2月20日。

教学目标：

1. 通过此案例，让学生了解中国文化的博大精深，增强学生的文化自信。

2. 通过此案例，让学生明白传承和创新的重要性，树立起文化传承和创新的自觉意识。

3. 通过此案例，让学生从文化保护和传承的角度找到新时代爱国的路径。

此案例适用于教材第三章"弘扬中国精神"第二节"爱国主义及其时代要求"之一"爱国主义的基本内涵"、第三节"让改革创新成为青春远航的动力"之三"做改革创新生力军"的教学使用。

精神价值分析：

1. 中华文化是包容的文化。敦煌文化是各种文明长期交流融汇的结晶。我国自汉代以来两千多年的历史长河中，敦煌始终以中华传统文明为根基，不断吸纳着来自其他地域和民族的文明成果。多元一体的敦煌文化始终传承着中华传统文化的精华，同时又闪耀着古代印度文明、波斯文明、希腊文明的璀璨光芒，成为举世瞩目、特色鲜明的地域文化。由于敦煌地区多民族、多种宗教、多种文化长期并存，使社会生活的各个方面都体现出鲜明的地域文化特点。如特定地理条件下发达的商业经济生活形态、复杂的城市居住布局、独特的饮食结构和形式、华美多姿的服饰装扮、具有浓郁佛教氛围的岁时节令、不弃传统善融新俗的嫁娶丧葬等，其社会生活的丰富多彩，令人目不暇接。

2. 敦煌文化展现了中华民族的文化精神、文化胸怀和文化自信。研究和弘扬敦煌文化，既要深入挖掘敦煌文化和历史遗存背后蕴含的哲学思想、人文精神、价值理念、道德规范等，推动中华优秀传统文化创造性转化、创新性发展，更要揭示蕴含其中的中华民族的文化精神、文化胸怀和文化自信。这是新时代彰显社会主义文化自信的最好体现。一代又一代莫高窟的坚守者正是在党和国家文物工作方针政策的指引下，以保护传承中华优秀传统文化的高度自觉，以"坚守大漠、甘于奉献、勇于担当、开拓进取"的莫高精神，彰显了中国特色社会主义文化自信，使千年古老遗产重新焕发出熠熠光彩。

3. 保护传承文化遗产是爱国主义的最好表达。习近平总书记在敦煌研究院的讲话中，特别强调，把莫高窟保护好，把敦煌文化传承好，是中华民族为世界文明进步应负的责任。爱国主义的基本要求就是爱祖国的大好河山，爱我们灿烂的文化，敦煌集河山和文化于一体，保护好敦煌历史遗迹，传承好敦煌蕴藏的优秀文化，是爱国主义最好的表达。

4. 历史文化的传承需要制度化、创新化。1944年国立敦煌艺术研究所成立，但由于缺乏足够的制度保障和人财物的支撑，基本依赖地方维持，保护效果不佳。2003年，《甘肃敦煌莫高窟保护条例》专项法规，经甘肃省人大常委会制定颁布实施，敦煌研究院与国内外科研机构合作制定了《敦煌莫高窟保护总体规划（2006—2025）》（以下简称《规划》）。《规划》在对莫高窟文物本体及其环境的保护、保存、利用、管理和研究分别做出系统科学评估的基础上，制定出总体规划的目标、原则和实施细则。为保护、利用和管理莫高窟提供了专业性、权威性、指导性的依据。没有这些制度保障，敦煌的保护不可能如此系统。

与此同时，莫高窟自1979年正式开放以来，敦煌研究院始终坚持负责任旅游的原则，将保护贯穿于旅游开放的全过程。随着莫高窟的游客数量迅猛攀升，为了妥善解决文物保护和旅游开放之间的矛盾，我们建成了"莫高窟数字展示中心"，利用数字敦煌档案资源，将洞窟壁画、彩塑制作成数字电影。让游客先观看4K超高清宽银幕电影《千年莫高》和8K超高清球幕电影《梦幻佛宫》，在对敦煌艺术有了初步体验后，再到莫高窟实体适度观赏洞窟，做到石窟文物保护和旅游开放双赢。

教学融入设计：

1. 在爱国主义的基本内涵中，教师以"为什么要热爱祖国的灿烂文化?"为题,让学生以敦煌为例,分析敦煌内在蕴含的民族精神和气质,然后引导分析"今天的中国还需要这种精神和气质吗"来阐述文化的重要性。

2. 在新时代爱国主义的基本要求中,让学生以敦煌为例,来回答为什么要加强"与历史的联系"以及"与世界的联系",以体现二者的必要性,通过思考"怎样实现这两种联系",让学生从理论到实践,找到爱国主义的现实路径。

3. 在创新内容中,让学生列举自己知道的在文化传承和创新方面做得比较成功的典型案例,分析它们的成功之处,然后让学生了解敦煌的保护历史和现实,再让学生以小组为单位,选择一个大家都熟悉的历史遗迹,谈谈各自对于该遗迹传承和创新的设想和规划。最后交流发言,教师帮助把握保护和开发、传承与创新之间的平衡。

问题拓展探究:

1. 假如你是敦煌研究院的院长,你最想做的一件事是什么?
2. 你认为传承和创新之间有矛盾吗?怎么消除?
3. 传承和创新哪个更重要?

相关资料推荐:

1. 樊锦诗:保护传承敦煌文化　增强中华文化自信,《求是》,2020年第4期。
2. 石明秀:敦煌文化源流及传承探论,学习强国,2020年2月20日。
3. 纪录片《敦煌》,央视网。

案例 12：半床棉被——共产党的本色

案例呈现：

长征作为中国共产党和中国工农红军重要的一段经历，谱写了中国近代史上伟大而深沉的一页，在此过程中形成了伟大的长征精神，激励着一代又一代的青年人为信仰而战。这种精神是通过一个又一个平凡的事情凝结而成的。透过这些故事，我们能够感受到革命的光辉和先辈内心深处信仰的力量。

其中有一个故事发生在 1934 年 11 月。当时中央红军主力正在湖南往西开进，目的是与贺龙领导的湘西红军会合，结果在汝城遭遇湘军和蒋系军队的联合围剿，不得已转向大山向宜章进军，沿途均是崇山峻岭，不少村民因为害怕，早已躲进大山。红军的先头部队到达了一个叫文明乡沙洲村的村子。当时夜晚大山的气温很低，寒气逼人，有三位女红军借宿到一个叫徐解秀的农妇家里，她家很穷，没有更多的御寒衣物，三位女红军遂拿出自己行军携带的唯一的一床被子和徐解秀挤在一起相互取暖。离开的那天，女红军们心怀感激，同时看着徐解秀家家徒四壁，连一床像样的被子都没有，遂决定把自己唯一的被子留给她，但善良而淳朴的徐解秀无论如何不肯答应。最后，女红军们找来剪刀，将被子一剪两半，把其中一半递给徐解秀，向她表示感激，同时告诉她，等将来革命胜利了，再来看她。

40年后，一位记者无意间寻访到已经年过八旬的徐解秀，得知了这个故事后，写了一篇《三位红军姑娘在哪里》的报道。在邓颖超同志的亲自主持下，在全国范围内寻找三位女红军，但最终没有找到，于是邓颖超同志特意买了一床新的棉被，委托该记者送给徐解秀。1991年，徐解秀在临终时跟儿孙说，共产党是那种即使自己只有一床被子，也要分一半给农民的好人，一定要跟共产党走！

2016年，在纪念红军长征胜利80周年的纪念大会上，习近平总书记深情地讲述了这个"半床棉被"的故事。

同样的故事还有许多，从沿途宁愿冒着严寒露宿街头，也不随意打开百姓住房的自律，到吃粮食、烧柴火后留下银圆、镍币，以及拔菜地萝卜后在萝卜坑里埋下铜圆的补偿，再到喝农民一锅开水付半元镍币的交易，中国共产党领导的红军在长征途中无论条件多么艰苦，都是军纪严明。有时即使没有钱，也要留下字条，写清所欠物资或银两以及补偿的时间及方式。

红军就是以这样的方式，向百姓展现着人民军队的良好素养，也在无形中宣告着共产党的革命主张。在这样的影响下，越来越多的人认识到共产党才是真正为人民服务的，心甘情愿地站到共产党这一边，为红军提供一切自己能够提供的给养、情报甚至人员。正是在人民群众的鼎力支持下，红军才能打破国民党的前追后堵，渡过长征中的重重难关。

教学目标：

1. 通过此案例，帮助学生学习了解长征的艰难，树立起对革命先辈的敬仰和感恩之心。

2. 通过此案例，让学生明白中国共产党是人民的政党，为人民服务是党的宗旨，让学生树立起对中国共产党的信心。

3. 通过此案例，让学生能从历史和现实的结合来理解中国精神和革命道德的传承和弘扬。

此案例适用于教材第二章"坚定理想信念"第二节"崇高的理想信

念"之二"中国特色社会主义是我们的共同理想"、第三章"弘扬中国精神"第一节"中国精神是兴国强国之魂"之一"重精神是中华民族的优秀传统"、第五章"明大德守公德严私德"第二节"吸收借鉴优秀道德成果"之二"发扬中国革命道德"的教学使用。

精神价值分析：

1. 崇高的信念是战胜一切困难的法宝。红军长征时的条件极为艰苦，之所以能够多次绝地逢生，迎来最终的胜利，是与强大的革命精神和顽强不屈的革命意志分不开的，没有为人民而战的革命理想和坚信解放事业必将胜利的坚定决心，就不可能有这场艰苦征程的胜利，不可能有中国革命的胜利，更不可能有今天中国人民的幸福生活。长征是宣传队，长征是播种机，宣传了革命的理想，播下了革命的种子。正是因为有着这种强大精神力量的影响，才会在经历长征之后的中国共产党，获取源源不断的革命力量。可以说，长征就是一次理想信念的考验之征。今天的我们，也只有牢固树立崇高的理想以及坚定的信念，才会在新时代的今天，遇到任何艰难险阻，也与当年红军一样，历经千帆终笑颜。

2. 人民利益高于一切。一切为了人民群众，一切必须依赖人民群众，因为只有广大的人民群众，才是历史最终的决定力量。这是中国共产党革命的初衷，也是其革命的基本方法。只有为国为民而不是自己享受，才是崇高的理想，而这种崇高的理想一旦坚定下来，就会产生源源不断的精神力量。中国共产党在革命道路上历经艰难险阻，付出极大牺牲，但始终将人民放在心中，始终紧紧依靠着人民群众，同人民生死相依、患难与共。习总书记说，红军长征历史，就是一部反映军民鱼水情深的历史。正是这种将人民利益看得高于一切，为此可以做出任何牺牲的态度，让共产党的革命军队在自己只剩一床被子的时候，能够剪下半条留给群众；也正是这种态度和信念，让人民坚定地选择了共产党。在近一百年的岁月中，这种与人民血脉相通、风雨同舟、生死与共的情怀、立场和态度，成为中国战胜一切困难和阻碍的根本保证。

3. 长征精神既是历史的，更是现实的。长征精神，就是将最广大人民的根本利益看得高于一切，坚定革命理想和信念，坚信正义事业必然胜利的精神；是为救国救民而不怕任何艰难险阻，并不惜付出一切的精神；是坚持独立自主、实事求是，坚持一切从实际出发的精神；是顾全大局又严守纪律且紧密团结的精神；是紧紧依靠人民群众，与人民群众生死相依、患难与共，并艰苦奋斗的精神。

长征精神既是历史的，又是现实的。这种精神能够在漫长的时间中逐渐转化为对现实的指引，是我们的党、我们的民族、我们的军队极为宝贵的精神财富和力量之源。长征精神既不会停留于长征阶段，也不会停留于革命阶段，它历久弥新，在承接井冈山精神的同时，又不断丰富，形成延安精神和西柏坡精神，之后的每一个时代，长征精神都被注入新的时代内容，形成不同的精神内涵。

今天，在实现"中国梦"的道路上，我们还会有新的长征要走，漫漫征程也会面临像当年红军一样严峻的困难和考验。如此，更需要我们从长征精神中汲取克服万难的力量和勇气，去争取属于我们这个时代的胜利。

教学融入设计：

1. 在理想信念的教学中，教师引入此案例，并阐述长征途中的艰难，让学生思考是什么支撑着红军战士在那样异常艰难的环境下坚持下去，最后做出归纳总结：人总是需要一点精神的，尤其在艰难的时刻，没有对理想的坚持和执着，是无法战胜强大的外在困难的。

2. 在"坚持中国共产党的领导"内容中，让学生以小组为单位，列出坚持中国共产党领导的理由，然后归纳总结出最核心的一个，班级交流，教师引出此案例，得出"中国共产党是人民的党"这一核心结论。

3. 在"革命道德"中，教师引出该案例，让学生分析此案例体现出来的革命道德有哪些，然后逐一分析其在今天的价值，体现继承和弘扬的必要性。

问题拓展探究：

1. 你了解长征吗？知道哪些长征中发生的故事？
2. 你对这些长征故事有怎样的感受？
3. 假如你是长征中的一名小战士，如何让自己坚持下去不放弃？
4. 你认为今天中国的成就与"半条棉被"有什么关系？

相关资料推荐：

1. 京剧《红军故事》故事：半条棉被，央视网，2018 年 11 月 24 日。
2. 习近平讲故事：半条棉被，人民网，2018 年 10 月 20 日。
3. 长征路上"半条棉被"的故事，网易军事，2016 年 10 月 24 日。

案例13：卡尔·亨利希·马克思
——为人类解放而斗争

案例呈现：

卡尔·亨利希·马克思，德国著名的政治哲学家以及社会理论家，犹太人，代表著作有《资本论》《共产党宣言》等。是马克思主义理论的创始人之一，是第一国际的组织与领导者，以及马克思主义政党的缔造者，是全世界无产阶级和劳动群众的革命导师与精神领袖，是国际共产主义运动的开创者。

1818年5月5日，马克思出生在德国莱茵省特里尔城的一个普通律师家庭。12岁的时候，马克思进入特利尔中学，5年后，他在其中学毕业时撰写了著名的《青年在选择职业时的考虑》一文。中学毕业后，随即进入波恩大学，之后转至柏林大学求学，并于1841年完成其在柏林大学的学业。同年，以论文《民主主义的自然哲学和经验主义的自然哲学之区别》申请到了耶拿大学的博士学位。学业结束后，马克思的第一份工作是担任莱茵报的主编，后因为立场问题辞职。其间认识了学识渊博，尤其对哲学、历史以及政治经济学极为精通的弗里德里希·恩格斯。

1843年，马克思因为为底层农民发声遭到了普鲁士国王的流放，《莱茵报》被关闭，马克思不得已移居巴黎，并开始筹备《德法年鉴》杂志的创办工作，自此，马克思的人生开始了颠沛流离但义无反顾的战斗历程。

1845年又因为法国政府受到德国当局的压力,对他采取驱逐出境的举措,马克思遂前往比利时的布鲁塞尔,并开始与恩格斯一道完成《德意志意识形态》的写作。在该书中,他们批判了黑格尔的唯心主义,同时也对费尔巴哈唯物主义的不彻底性做了揭露,第一次比较系统地阐述了自己的历史唯物主义主张,明确地提出了无产阶级需要通过暴力来夺取政权的历史任务。随后不久,遭到了比利时当局的迫害,不得已回到了曾经的祖国——德国。鉴于普鲁士政府对自己的迫害,1845年,马克思宣布脱离自己的普鲁士国籍,从此成为一个没有祖国的世界公民。

1846年年初,马克思和恩格斯建立了布鲁塞尔共产主义通讯委员会。一年后,他们应邀参加正义者同盟,并起草了同盟的行动纲领——《共产党宣言》,在此期间,同盟的名称改为共产主义者同盟。1848年欧洲大革命爆发,马克思和恩格斯指导同盟投入革命,随即被比利时驱逐。第二年的5月份,接到普鲁士当局的驱逐令。之后来到巴黎,又遭法国政府驱逐,后不得已辗转英国伦敦。

由于马克思对无产阶级深切的同情,以及由此展开的对地主和资产阶级无情地揭露和批判,使一切反动势力不断诅咒、迫害和驱逐他。马克思不得不携家带小四处漂泊,生活极为窘迫。因为生活的艰难,妻子和孩子一直体弱多病,无钱可医。没有钱交房租,马克思一家仅有的一点家当——床铺衣物、孩子的摇篮以及稍好一点的玩具都被警察查封,他们只能和孩子们躺在光光的地板上相互依偎取暖。依靠恩格斯时不时的救济,才勉强度过艰难时日。

1864年9月,马克思参加第一国际成立大会并被推选进入领导委员会,并为该组织起草了《成立宣言》《临时章程》以及相关的其他重要文件。

1867年9月,凝结着马克思几十年心血的《资本论》第一卷出版。1881年,由于长期繁重的工作,加之持续的焦虑和失眠,马克思患上了肺炎,也是在这一年的年底,他的妻子燕妮去世,马克思受到沉重打击,1883年1月,大女儿又突然去世,双重打击之下,马克思病情日益加重,两个月之后，也就是1883年的3月14日，马克思在伦敦去世，安葬于海德公园。

他所撰写的《资本论》后两卷的草稿，被恩格斯加以整理之后，分别在1885年和1894年出版。①

在2018年纪念马克思诞辰200周年的大会上，习近平总书记用"三个一生"来概括马克思：马克思的一生，是胸怀理想，为人类解放而不懈奋斗的一生；也是不畏艰难险阻，为追求真理而勇攀高峰的一生；还是为推翻旧世界，建立起新世界而不息战斗的一生。

教学目标：

1. 通过了解学习马克思的生平事迹和历史贡献，让学生明确"为实现人类自由解放"这一理想的崇高性，帮助学生在理想信念的树立过程中，坚定这一远大而崇高的理想。

2. 通过了解马克思为这一理想而付出的艰难代价，让学生明确理想的实现过程是艰难的，尤其是远大而崇高的理想，是需要忍受不一样的痛苦以及付出常人难以想象的代价，但这一切终将是有价值的。

3. 通过了解学习马克思的生平和历史作用，让学生意识到一个普通人，只要有愿意改变社会，使之变得更美好的愿望和勇气，并为之不懈地努力奋斗，终将会将理想变成现实，为整个人类带来根本的改变。

本案例适用于教材第二章"坚定理想信念"之第二节"崇高的理想信念"的教学使用。同时也适合在教材第一章"人生的青春之问"中第二节之"积极进取的人生态度"教学中使用。

精神价值分析：

1. 崇高的理想。马克思一生的努力只有一个，那就是——为实现人类

---

① 以上根据萧灼基《马克思传》，中国社会科学出版社2008年版；[英]戴维·麦克莱伦《马克思传》，王珍译，中国人民大学出版社2006年版；孙伯鍨、张一兵《走进马克思》，江苏人民出版社2001年版等资料整理形成。

的自由解放而努力,这个无私而伟大的理想在其青年时期就已经确立。马克思在其中学毕业论文《青年在选择职业时的考虑》一文中明确写道:"假如我们选择了最能为人类福利而劳动的职业,那么,重担就不能把我们压倒,因为这是为绝大多数人而献身;那时我们所感受到的,就不是一点点可怜的、有限的、自私的快乐,我们的幸福将属于千百万人,我们的事业将默默地、但是永恒发挥作用地存在下去,面对我们的骨灰,高尚的人们将洒下热泪。"正是因为在青年时期这种理想的树立,让马克思后来成了改变无数人命运的人。

2. 坚定的信念。马克思本是德国人,后因为同情底层人民的遭遇触犯了权势阶级的利益而被驱逐,后去了巴黎。在被法国驱逐之后又去了比利时的布鲁塞尔,之后宣布脱离普鲁士国籍,在被比利时当局驱逐之后,受法国临时政府邀请回到巴黎,之后再次遭到法国政府驱逐,后前往英国伦敦。在伦敦,马克思度过了一生中最困难的日子,因为债务、焦虑和疾病,5年中,马克思失去了四个孩子中的三个,但在这期间,马克思为人类解放而努力的理想从来没有放弃过,在极度艰难的环境下写出了他最重要的著作——《资本论》,通过理论的剖析,向全世界受压迫的无产阶级揭露了资产阶级剥削和压迫的真面目。

3. 敢于斗争的勇气。马克思出身于律师家庭,获耶拿大学博士学位,后担任《莱茵报》主编,在经济收入和社会地位上有一定的保障,后来遇到了著名的"林木盗窃问题":在德国西部有大片的森林和草地,以前生活在这里的居民可以在这些地方随意砍柴和放牧。但是由于一些贵族地主的霸占,这些大片的森林和草地都被私自管控起来,不许居民们靠近,如果一旦被发现在这些山林草地中拾柴草或放牧,就被认为是"盗窃"。这引发了广大居民的不满,德国议会在审议这些事情的时候只为贵族地主考虑。人们愤怒地谴责议会的不公平,马克思也感到十分气愤,便在《莱茵报》上写了一系列文章发表自己的看法,文中严厉抨击了普鲁士政府的做法,立场坚定地站在民众一边,维护农民的利益。这种观点刺激了普鲁士政府,他们派人查封了《莱茵报》,迫使它停止印刷。马克思也因此辞去报纸的主编职务，但他对自己的所作所为毫不后悔，之后的几十年，无论是深入群众，还是指导罢工，或是理论批判，马克思始终以一种大无畏的姿态与资产阶级权势和资本主义制度展开不屈不挠的斗争。

教学融入设计：

1. 在理想信念专题教学中，可与"不忘初心、牢记使命"的个人心得交流活动相结合，通过马克思与自己两个时代、两个国家、两个人的比较，寻找理想之间的差距，激励学生树立起远大而崇高的理想。

2. 在人生观的二级专题"挫折教育"中，与学生回忆自身挫折经历交流活动相结合，探究"挫折能带给我们什么？""怎样面对挫折？""你所认为的挫折究竟算不算挫折？"等一系列现实问题，以此打开学生的视野，增强他们的抗挫折意识，培养淡定从容的抗挫折态度。

3. 在人生观教育专题中，对消极无为、随遇而安、逃避困难的人生态度阐述讲授中，让学生尝试身处马克思的现实困境，以内心独白的方式说出马克思为什么会最终选择生命不息、战斗不息的原因。以此增强学生的使命感和责任感，树立起积极有为敢担当的人生态度。

问题拓展探究：

1. 马克思为什么会成为马克思？

2. 你最欣赏佩服马克思的什么品质？

3. 你身边有想活成马克思那样的人吗？你怎么看待他（她）？

4. 初心和使命究竟有什么样的意义和价值？

图书资料推荐：

1. 萧灼基《马克思传》，中国社会科学出版社 2008 年版。

2. ［英］戴维·麦克莱伦《马克思传》，王珍译，中国人民大学出版社 2006 年版。

3. 孙伯鍨、张一兵《走进马克思》，江苏人民出版社 2001 年版。

案例14：杨靖宇——赤胆忠诚

案例呈现：

杨靖宇，原名马尚德，字骥生，河南确山人，著名的抗日民族英雄，优秀的中国共产党党员，无产阶级革命家和军事家，东北抗日联军的主要创建者与领导人。在"九·一八"事变后，杨靖宇受命前往东北组织抗日联军，曾任抗日联军总指挥，率领东北军民在极为艰苦的条件下与日寇周旋对抗，最后在冰天雪地、弹尽粮绝之际，仍然与日寇周旋战斗，直至壮烈牺牲。2014年入列第一批著名抗日英烈及英雄群体名录。被评为100位为新中国成立做出突出贡献的英雄模范之一。

杨靖宇学生时代积极地投身于反帝爱国运动，于1926年加入了中国共产主义青年团，第二年参与领导了确山农民暴动，同年6月加入中国共产党。大革命失败后组织了确山起义，任农民革命军的总指挥，之后前往开封、洛阳等地从事地下工作。

1929年春奔赴东北，任中共抚顺特别支部的支部书记，领导抚顺的工人运动。在从事地下工作的过程中，曾5次被捕入狱，虽屡受酷刑，但始终坚贞不屈。1931年"九·一八"事变发生后，杨靖宇历任中共哈尔滨市道外区委书记、哈尔滨市委书记，同时兼任满洲省委、军委代理书记，第二年秋被党组织派往南满，开始组建隶属中国工农红军第32军的南满游击队，担任政治委员，建立了磐石红石砬子游击根据地。1933年9月，担任东北人民革命军第1军第1独立师师长兼政治委员，第二年的4月联合东北分散的17支抗日武装成立了抗日联合军的总指挥部，任总指挥，11月开始担任东北人民革命军第1军军长兼政治委员。1936年的6月，杨靖宇任东北抗日联军第1军军长兼政治委员，接着任东北抗日联军第1路军的总司令兼政治委员。

在领导东北抗联的过程中，杨靖宇率部转战东南满大地，数次给予日军以痛击，打得日寇心惊胆战，与北满的赵尚志一起形成"南杨北赵"的抗日格局，威震东北，极大地打击了日寇的嚣张气焰，有力地配合了全国的抗日战争。在连遭打击后，日伪军加紧了对东北抗日联军的政治诱降、经济封锁和军事讨伐。1939年秋冬季节，为消灭东北抗日联军，日寇发动"三省联合大讨伐"，对抗联部队进行集中和长期的围剿，一些抗联战士先后叛国投敌，东北抗联的战斗环境变得极端艰难，对敌斗争进入前所未有的艰苦阶段。仅在1940年年初的50多天里，杨靖宇率部与日伪军作战就高达40多次。由于叛徒的出卖和长久的消耗，抗联将士没有任何粮食、弹药、衣物和药品的补充，只能在雪地里以草根树皮等充饥，杨靖宇不得不将部队化整为零，分散突围，以求保存实力。

彭真同志曾说过，在党领导的20多年的革命斗争岁月中，有三件事最为艰苦：一是红军的二万五千里长征，二是长征后南方红军的三年游击战争，第三件便是东北抗联十四年的坚守。

现在的人可能想象不出当时艰苦卓绝的具体样子。一位曾经当过杨靖宇警卫战士的老人通过回忆再现了当时的情形：

"天气嘎嘎冷，我们自己的棉衣又不齐备，有的同志手脚都冻伤了，可敌人是越集越密，对我们的围剿越来越频繁。杨司令在召集各方面军的负责人开会研究怎么解决棉衣问题的时候，遭到叛徒出卖，被岸谷隆一郎所带领的日伪军层层包围在那尔轰的东北岔一带，他们的兵力多达4万多人，就在我们的对面，满山满谷都是，敌人有飞机，有机枪大炮，还有来回运送粮食和弹药的汽车，形势很严峻。为了掩护各个部队分头转移，杨司令就带领我们300多人在正面吸引敌人，由机枪连来开路，硬生生撕开了一条口子。但当我们突围到了五金顶子时,又遭遇更多的日伪军,我们甩掉了一股却又遇上一股,无法得到休整的机会。由于在雪地行军,裤子被打湿之后,寒风一吹,冻得硬邦邦的,很难打弯,也非常沉,迈个步子都吃力,鞋子也跑烂了,没有办法只好割几根软乎的榆树条子把鞋绑在脚上,衣服则全被树枝扯开了花,浑身上下都挂着厚厚的霜,从早到晚全是白的,全是凉的。"

"那个时候,特别希望能够生起一堆火,把冻成冰的衣服好好地烤一烤,把冰块烤化,把衣服烤干,再给冷冰冰的身子取取暖,你不知道,当时夜里的气温会降到零下40多度,连大树都冻得咔吧咔吧响,粗大的树干都冻裂了缝儿,人怎能受得了啊?可是一旦生火,火光就会照出老远,青烟就会飘上林梢,我们就会暴露,敌人就又会像一群绿头苍蝇一样扑上来。实在没有办法,我们就只能不停地蹦高,就怕坐下来就会被冻死。"

"当时最难的就是没有吃的,粮食那就不说了,缺得很!就当时的气候,连草也被埋在二三尺深的积雪里,找也没法找,挖也没法挖,我们只好找树皮,先把外面的老皮刮掉,把里面那层稍微泛绿的嫩皮一片一片地削下来,再放在嘴里嚼,嚼来嚼去就是咽不下去,后来勉强吃下去了,肚子也难受得很,哎……"

就这样,杨靖宇带领队伍一直与敌人反复周旋,为了缩小目标,决定将队伍化成小组来分散突围,杨靖宇身边只留下十几个战士。因为机动灵活的作战指挥,敌人始终无法掌握杨靖宇的行踪和去向。后来杨靖宇身边出现叛徒,暴露了其行踪,敌人随即缩小包围圈,将杨靖宇及其6名警卫员围困在了深山。

曾任东北抗联第二路军总指挥的周保中,在《杨靖宇将军生平事迹》中描述了杨靖宇将军最后的遭遇:1940年2月18日,杨靖宇身边最后2名警卫员也在大东沟牺牲,至此,他已是孤身一人,敌人妄图生擒,又担心伪军办事不力,遂以日寇将蒙江东南地区合围,封锁大小路口,将他迫于绝境。在这万分紧迫之时,在蒙江和抚松间活动的曹亚范同志,得知险状,随即率领突击部队从东南秃砬子、牛槽沟方向向黄花甸子疾驰,然而敌人兵力实在太多，半路被重重包围，遭到数十架敌机轮流轰炸。至 2 月 23 日下午，杨靖宇击毙来犯之敌 20 余人，敌人步步逼近，以"放下武器—保留生命—还能富贵"来劝降，但杨靖宇回应的是用手中枪射出的子弹。敌人无奈，放弃招降，集中火力射击，最后杨靖宇身中数弹倒下，光荣殉国，时年 35 岁。牺牲时间为 1940 年 2 月 23 日的下午 4 时 30 分。

杨靖宇将军牺牲后，日本人找来一个门板，将杨靖宇将军的遗体放到门板上立了起来，并拍下了一张照片。之后，日本人将杨靖宇将军的遗体运到蒙江县民众医院进行了解剖，在残忍地剖开杨靖宇将军腹部的时候，日本人惊讶地发现，这位威名赫赫令日军胆寒的抗日名将，胃里一粒粮食都没有，里面全是尚未消化的树皮、草根和棉絮……

杨靖宇将军牺牲的那段时期，东北抗日联军正遭遇政治上、组织上及经济上前所未有的危机。

程斌，曾任东北抗联第一军第一师师长，作为杨靖宇将军最为信任的得力助手，曾跟随杨靖宇将军打过不少漂亮仗。1938 年 7 月，率部共 115 人集体叛国投敌。据关东军相关档案记载，投降以后，程斌所做的第一件事就是带领日伪军摧毁了作为抗联的重要补给线——密营，密营是杨靖宇将军带领抗联战士在深山老林建立的秘密宿营地，里面储存着粮食、枪械、布匹和药品等生活和战斗物资。正是有着这些密营，抗联孤军才能在艰苦而又长久的对敌战斗中坚持下去。程斌叛变后，临江县境内 70 多个密营悉数被破坏殆尽，一时间，杨靖宇将军陷入了弹尽粮绝的绝境。

张奚若，曾任东北抗联第一军第一师师部机枪连的机枪射手，随程斌叛变。1940 年 1 月在临江的一次战斗中，将机枪架于树杈上向抗联射击时被杨靖宇将军一枪打中而受伤，后被送到沈阳治疗，2 月 23 日与其副射手白万仁和弹药手王佐华组成"铁三角"战斗小组被派往三道崴子围剿杨靖宇将军。当喊降不奏效的时候，日本人向张奚若下达了射杀的命令，张奚若随即进行机枪扫射，将杨靖宇将军射倒在一棵大树前。

张秀峰，原抗联第一路军司令部的特卫排排长，十四岁参军，头脑灵光，会一点武功，枪法还挺好，深得杨靖宇将军的喜爱，一直跟在将军身边当警卫员。于 1940 年 2 月 1 日，携带大小枪四支及抗联军费九千九百六十元和一些机密文件下山投敌。

至于为什么要下山，离开抗联，叛国投敌，我们已经无从知晓真实的答案。事后张秀峰说：因为当时在抗联是往苏联转移还是前往长白山隐蔽，或是在东北坚守的问题上，与杨靖宇产生了矛盾和分歧，"心里憋了口气"。早在 1938 年七八月份，日军在中、苏、朝边境挑事，最终苏联红军获胜，这也导致苏联心有余悸，希望能够让抗联一路军赴苏来分担其边境压力，于是派人前来联络，不少抗联官兵也觉得过境去苏联，等到形势好转以后再打回来，也是一个不错的选择。所以在 1939 年，一路军总指挥部曾就抗联接下来的方向选择先后开过两次会，专门讨论这一问题。但杨靖宇不同意去苏联，他的理由是，把东北抗联拉到苏联去还能叫东北抗联吗？去苏联去抗谁？而且共产国际当时还主张"反满抗日不并提"，意思是可以抗日，但不要反满洲国，这让杨靖宇非常生气，认为满洲国是日本人侵略东北的产物，如果不反满，抗日就是一句空话。不仅如此，杨靖宇还坚决反对上长白山隐蔽，他认为，东北抗联就是打鬼子的！"我们要是都走了，老百姓怎么办？群众会怎么想？他们就会对抗日复国失去希望了——我们不能走，尤其是我，更不能走！有我在，东北抗联的旗帜就不能倒，老百姓抗日复国的念想就活泛——我不走，就是死也得死在抗日战场上！"

杨靖宇坚决的态度让一心求自保的张秀峰内心产生了抵触和反感，决心离开他。①

教学目标：

1. 通过了解和学习杨靖宇将军的生平和事迹，懂得珍惜今天的和平来之不易，是这些革命先辈们抛头颅洒热血换来的。

---

① 以上资料来自"杨靖宇将军的英雄事迹"，中国历史故事网，晋察冀抗日研究会，"历史上的今天"网站，以及刘贤：常青树下——铁血将军杨靖宇牺牲经过寻访手记"，通化红色教育。

2. 通过了解和学习杨靖宇将军的生平和事迹，让学生明白中国精神中最重要的是以爱国为核心的民族精神，正是因为有这种大气磅礴的精神，中华民族才能在一次又一次的民族危亡关头挺过来。

3. 通过了解杨靖宇将军的牺牲过程，让学生警惕每个时代最坚强的堡垒往往是从内部攻破，增强学生的国防意识和国家总体安全观。

4. 通过了解和学习杨靖宇将军的生平和事迹，让学生反思在新时代的今天，应当以什么方式去爱国，增强学生对不同时期爱国有不同表现的现实理解。

本案例适用于教材"绪论"之二"时代新人要以民族复兴为己任"、第二章"坚定理想信念"第一节"理想信念的内涵及重要性"之二"理想信念是精神之钙"、第三章"弘扬中国精神"第一节"中国精神是兴国之魂"之一"重精神是中华民族的优秀传统"的教学使用。

精神价值分析：

1. 坚强的革命意志。杨靖宇将军的一生是革命的一生，也是战斗的一生，更是坚守的一生。在东北被日寇占领之际，被党组织派往最前线，在一无组织、二无群众基础、三无后备支援的情况下艰难地建立起东北抗日力量的联合组织，领导分散的东北义勇军、游击队和各路抗日组织。在最后弹尽粮绝极为艰苦的条件下，他以草根、棉絮充饥，战斗到生命的最后一刻，展现出一个革命者内心不屈不挠的革命斗志和坚强如钢的战斗精神。

2. 强烈的爱国热忱。他率领东北抗日联军在林海雪原的艰苦环境中与日寇血战，为全民抗战建立了具有战略意义的功绩。即使在其他战友陆续退往苏联或消极抵抗的艰难时刻，他也没有放弃自己的信仰和坚守，始终相信只要自己不放弃，国家和民族就有胜利的一线希望，中国人民就有免遭亡国奴的一线生机。对祖国深切的爱恋和对同胞强烈的责任，使得杨靖宇将军能够在绝境中依然顽强地对敌抗争，这种精神就是爱国主义和民族精神的强烈呈现。正是一个又一个的杨靖宇，才换得最后抗战的胜利和新中国的诞生。

3. 思想政治工作永远不能丢。杨靖宇将军和东北抗联遭遇的绝境，与一部分原东北抗联战士尤其是一些重要的指挥员和关键人物的叛变有直接的关系。无论是杨靖宇将军遭遇的绝境，还是中国 14 年抗日战争面临的艰难，背后都有"汉奸"和叛国者的影子。"不怕神一样的对手，就怕猪一样的队友"，游戏如此，战争尤其如此。如何加强自身阵营的思想建设和政治建设，永远是摆在革命者和建设者面前的一个重要问题。毛泽东同志曾经说，"堡垒往往从内部攻破"，注重自身的思想政治建设，才能让每一个处于该阵营的人们心往一处想、劲往一处使，凝心聚力地团结成为一块紧密的钢铁，无往而不胜。无论是古代还是当代，思想教育永远是最严谨的国防。

教学融入设计：

1. 在第二章"理想信念"中，通过学生讲述自己"走过那段灰暗的岁月"的经历，寻找让自己能够坚持下来、克服困难的力量源泉，然后延伸出人生的灰暗岁月应当如何去度过，以杨靖宇将军生命最后关头的艰难引申出：一个人如果有强大的信念支撑，无论在多么艰难的环境下都能咬牙坚持下去。

2. 在"绪论"做时代新人一节中，关于"有理想，有使命"的展开，可以以杨靖宇将军的事迹为论证材料，说明心中有使命的三大"好处"——一个人如果拥有使命感，那么就会心中有他人，活得不至于太自私；一个人如果拥有使命感，就会倍加珍惜自己的生命和努力，而不至于太看轻自己和轻言放弃；一个人如果拥有使命感，就会产生克服万难的勇气和毅力。

3. 在第三章"中国精神"一章中，在阐述"中国精神的历史发展和不同阶段的具体表现"时，从历史的角度探讨中华民族为什么能够历经风雨而不倒，以杨靖宇将军的事迹为近代民族精神的具体代表，来探讨我们是如何走过这个民族的灰暗岁月，并以"这种精神在今天还有没有？"的问题延伸，过渡到"当代民族精神的具体体现"这一内容上。

问题拓展探究：

1. 如果你是1940年东北抗联的一员，你会怎么做？
2. 面对弹尽粮绝的困境，你认为杨靖宇的内心会想些什么？
3. 今天还有没有"杨靖宇"？
4. 怎么才能让今天的"杨靖宇"们避免杨将军的悲剧？

相关资料推荐：

1. 电视剧《杨靖宇将军》。
2. 抗日英雄杨靖宇，腾讯视频。
3. 杨靖宇将军纪念馆，文化艺术网。
4. 杨靖宇，中华英烈网。
5. "杨靖宇将军的英雄事迹"——中国历史故事网。

案例15：钱学森——我要回到中国去

案例呈现：

钱学森，汉族，出生于上海，祖籍为浙江省杭州市临安，著名的空气动力学家和火箭专家，中国载人航天的奠基人，有"中国航天之父"和"火箭之王"的美誉。

生于1911年的钱学森，曾在北京师范大学附属中学和交通大学上海学校机械工程学院的铁道工程系就读，1934年毕业于国立交通大学，当年6月考取了清华大学的第七届庚款留美计划，接着参加清华大学的留美公费生考试，最终成为20名公费留美求学的学生之一。

1935年9月，钱学森进入美国麻省理工学院的航空系学习，一年后，获航空工程硕士学位。之后来到加州理工学院航空系，求学于世界著名科学家冯·卡门门下，成为其得力助手，并在1939年先后获得航空及数学的博士学位，1943年担任加州理工学院的助理教授，四年后，担任麻省理工学院的教授。在1938年7月至1955年8月这段时间，钱学森在空气动力学、固体力学及火箭、导弹等领域进行深入的研究，与导师共同完成了高速空气动力学的相关课题研究，建立了"卡门—钱学森"公式，早在28岁时就已经在空气动力学领域声名鹊起。

有人说，钱学森当年如果没有回国，中国航天今日的局面很难想象。当我们在感慨今日中国航天事业取得的伟大成就时，不应当忘却当年他为了回国而历经的艰辛。

时任加州理工学院教授兼美国喷气动力实验室主任的钱学森，既是世界航空理论界的权威冯·卡门的得力助手，更是美国火箭领导四人小组的成员之一，师从名门，年轻有为，前途无量。1950年6月，钱学森在华盛顿拜访了当时的美国国防部海军次长，表达了自己想回中国的愿望，不曾想这个想法一下子让美国整个国防部陷入了焦虑与不安。他们知道，这位年轻的学者脑袋里装的信息实在太多太重要了，无论在哪里，他都抵得上五个师的战斗力！因此当时美国军方和政府的态度极其明确：绝对不能放他走！

尽管如此，钱学森深知，刚成立的新中国，太需要他回去了，因此回国的决心一旦下定就从来没有动摇过，随即起身准备回国。当钱学森刚踏上归国旅程时，就遭到美国政府的重重阻碍，对方声称，在钱学森托运的行李中，有近八百公斤的草图、笔记及照片均属于技术情报，有偷运机密的犯罪企图，最后，联邦调查局以涉嫌间谍犯罪为由将他投进监狱，控制了他的人身自由。

钱学森的工作单位加州理工学院得知钱学森被关押后，立即想办法进行营救，最终在多方努力下，以15000美元的保释金将他保释了出来。即使出了狱，也没有恢复原先的人身自由，钱学森的生活开始受到多方面的限制，并屡次遭到国情部门的审讯。钱学森始终认为，自己是中国人，应当忠于中国人民以及对中国人民带来好处的政府，无论如何也要回到祖国去！在一次看报的过程中，钱学森无意间看到一张当时的全国人大常委会副委员长陈叔通站在天安门城楼的照片，而陈叔通，正是自己父亲的好友，遂决定给他写信求助。

当钱学森的处境和遭遇传到中国后，党中央和知识界极为关心，周恩来总理尤为焦急，纷纷想办法营救钱学森。

1954年4月，安理会五大常任理事国在日内瓦召开国际会议，讨论和解决朝鲜问题及恢复印度的和平问题，周恩来作为中国代表团团长出席，联想到钱学森等一批留学生和科学家在美国被扣留，随将两国侨民问题提出并与美国交涉，并在会谈中做出较大让步，以换取美国对钱学森等人的释放，但美方始终没有松口。7月21日，会议闭幕，为表示诚意，中国释放了4个在朝鲜战争中被中国俘虏的美国飞行员，后又增加至11名。经过外交谈判的不断努力，1955年8月4日，钱学森接到美国移民局的通知，告诉他对自己的管制令已经撤销，可以自由离境！

9月，钱学森终于站在了位于美国洛杉矶港口的克利夫兰总统号轮船上，他深情地眺望着远方，那里有他马上就会回到的祖国。

回国后不久的1956年，钱学森即向中共中央和国务院提交了《建立我国国防航空工业的意见书》，根据他的建议，导弹与航空科研的领导机构——航空工业委员会成立，钱学森担任委员。紧接着参与制定了中国第一个5年科学规划，受命组建了中国第一个火箭及导弹研究所——国防部第五研究院，并担任该院首任院长。

也是在这一年，中国科学院力学研究所成立，钱学森担任所长和研究员。

1957年2月，在钱学森、周培源、钱伟长及郭永怀等力学家的倡议和推动下，中国力学学会成立，钱学森被推举为首届理事长。6月，中国自动化学会的筹备委员会成立，钱学森任主任委员。11月，国防部第五研究院设立分院，其中一分院负责运载火箭的技术研究，下设8个研究院，周恩来总理任命钱学森兼任第一分院院长。同年，钱学森所著的《工程控制论》一书获中国科学院自然科学一等奖，钱学森本人被补选为中国科学院的学部委员。

1958年，为了给"两弹一星"工程培养高级别人才，中国科学技术大学成立，钱学森担任中国科学技术大学近代力学系的系主任，成为该大学的创始人之一，同年加入中国共产党。

对于钱学森，曾经的美国海军次长丹金布尔这样评价：无论在哪里，他都抵得上五个师！

美国的火箭专家克拉克这样评价：在中国所有的留学归国人群中，论重要性，无人能超越钱学森。

美国麻省理工学院的史蒂夫这样评价：钱学森虽然在美国的成绩让人羡慕，但真正了不起的，是他对中华人民共和国的贡献。

合众国际社记者罗伯特·克莱伯这样评价：正是有了钱学森，中国才能在1970年就成功地发射第一颗人造卫星，而由他负责研究出来的火箭，使中国能像苏联和美国一样，拥有把核弹头发射到世界上任何国家的超能力。

2007年，钱学森荣获"感动中国"年度人物，组委会在颁奖词里这样写道："在他心里，国为重，家为轻，科学最重，名利最轻。五年归国路，十年两弹成。开创祖国航天，他是先行人，披荆斩棘，把智慧锻造成阶梯，留给后来的攀登者。他是知识的宝藏，是科学的旗帜，是中华民族知识分子的典范。"

从东方红卫星到神舟飞船，到嫦娥奔月，钱学森给予中国航天事业的底气十足，不仅用自己的严谨和勤奋诠释了一名科学家的水准，更用淡泊名利和率真赤诚彰显了一个中国科学家的爱国之心。

教学目标：

1. 通过此案例，帮助学生理解什么是爱国主义，认识到爱国并不是说说而已，需要付出努力和代价。

2. 通过此案例，帮助学生树立务实的人生态度，兢兢业业踏实求学，将爱国之情转化成报国之志。

3. 通过过此案例，让学生对老一辈革命家和为新中国做出贡献的前辈心怀敬意和感激，珍惜新时代的美好生活，为中国梦做出自己的贡献和努力。

此案例适用于教材第一章"人生的青春之问"第三节"创造有意义的人生"之一"辩证对待人生矛盾"、第三章"弘扬中国精神"第一节"中国精神是兴国强国之魂"之二"中国精神是民族精神和时代精神的统一"的教学使用。

精神价值分析：

1. 冲破阻力毅然回国的爱国情怀。事业在中国、成就在中国、归宿在中国，这就是钱学森！正是将国家利益看得高于一切的情怀，让以钱学森为代表的归国人员谱出了新中国科技界的最强音，他们一生的经历和成就，无不鲜明地诠释着一颗赤子之心。无论阻碍有多大，无论道路有多险，拼尽一切也要回来的倔强和执着，背后都是满腔的热血和赤诚，这是一种强大的，因为信仰而产生的力量。因为爱国，才会拼命，因为拼命，所以强大，这种信仰支撑了中国航天事业的先行人，更会激励更多的后来人，沿着他们的足迹，越来越多的年轻人扛着科学的大旗，走在新时代科技创新的强国路上。

2. 好学求真的科学态度。科学，讲究好学求真，需要具有超乎寻常的探索精神和严谨态度。钱学森治学追求精益求精，从不满足于一般的理论推导，无论这种推导在逻辑上有多么的严密，他一定还要通过实验来让结果与计算出的数值进行比对，一旦发现有误，立马进行修正，有时甚至需要推倒重来，反反复复，一直到取得满意的结果为止。在科研试验的过程中，钱学森要求尽可能地严、细、慎、实，把可能出现的失误消灭在萌芽状态。每次深入工地和试验场，一待就是一两个月，随身都带着《工作手册》，每次试验的具体情况都被详尽地记录下来，大大小小的异常及故障被列成了表格，标注"已换""可用"字样的为已经解决的问题，星号表示尚未解决和落实的问题。正是这种近乎苛刻的严谨态度和尊重科学、永不僵化和停滞的工作作风，才保证了钱学森科研上的成就。

3. 淡泊名利乐于奉献的崇高品格。作为世界知名的科学家，钱学森回国后有资格享受科学家的待遇，可以提出改善居住条件的要求，在困难时期也可以接受特殊照顾，在出版著作时也理所当然地可以享受稿酬。但是回国后的钱学森，拒绝了这一切应有的福利和待遇，生活简单俭朴，不住部长房和将军楼，即使在困难时期也始终与人民群众共患难，甚至对于特殊照顾的红烧肉，他也拒绝吃。所获得的稿费、奖金，要么当作党费上交，要么以教育或科研基金的名义捐了出去。始终无私奉献，默默贡献，不慕名利，不贪功名。在钱学森眼里，最为激动的事，是获得人民群众的认可，他在1991年获得"国家杰出贡献科学家"荣誉时说道：他在前不久看了王任重同志写的《史来贺传》序，里面说，中央组织部将自己与雷锋、焦裕禄、王进喜及史来贺这5个人作为新中国成立40多年来在群众中享有崇高威望的优秀共产党员代表，"当时我心情激动极了"，因为感觉到自己"终于是劳动人民的一分子了"，而且是与"劳动人民中最先进的分子连在一起了"。①

教学融入设计：

1. 在辩证对待人生矛盾的内容中，让学生以小组为单位根据教材的六大内容，以此案例为基本依据，分别列出相应的矛盾清单，比如，幸福观："很幸福？还是很辛苦？"得失观："得到什么？又失去什么？"苦乐观："条件很苦，乐从何来？"等等，教师做引导，让学生经过对比思考后得出关于每一对人生矛盾应持有的基本态度，如"幸福是奋斗出来的""幸福总是相对的""幸福总是建立在个人利益和集体利益相统一基础上的""人生有得也有失"等等。

2. 在爱国教育中，教师以此案例为基础，让学生思考为什么许多优秀留学生学成不归国的原因，结合新时代的今天中国面临的考验和挑战，让学生思考："新时代应当如何爱国？"教师引导分析，最后进行归纳，体现"在祖国需要你的时候，挺身而出，就是最大的爱国"。

问题拓展探究：

1. 你知道钱学森吗？当时的中国是什么样的中国？
2. 如果钱学森不回来，会怎样？
3. 你认为自己可以通过什么方式来爱国？

---

① 以上资料参考自钱昌明：什么是"钱学森精神"？民族复兴网，2019年4月4日。

4. 你怎么看待留学生学成不归国的行为？

相关资料推荐：

1. 电影《钱学森》。

2. 钱学森简介，中国军网。

3. "我们一定要有两弹一星"，1988年中央电视台资料专访钱学森，哔哩哔哩网。

4. 涂元秀、莹莹《钱学森故事》中国人民解放军出版社2011年版。

案例16：张富清——深藏功与名

案例呈现：

张富清，原西北野战军359旅718团2营6连战士，在革命战争中出生入死，先后荣立一等功三次、二等功一次，西北野战军"特等功"一次，"战斗英雄"荣誉称号一次。1955年，张富清响应建设新中国的号召，退役转业选择了到湖北最偏远的来凤县工作。自此，他将所有的荣誉锁进皮箱，装进大衣柜，在半个多世纪的岁月中，深藏功与名，默默为贫困山区的建设奉献一生，直至退役军人申报方才被外界知晓。

由于退役军人事务部要求采集相关退役军人的基本信息，怀着对组织如实汇报的想法，张富清拿出三枚奖章。第一枚军功章上，在鲜艳的五星红旗和毛主席像下方，"人民功臣"4个字闪闪发亮，这是西北军政委员会颁发的"人民功臣"军功章；第二枚奖章，五星红旗映衬着巍峨群山，奖章上刻着"解放西北纪念章"；第三枚奖章的外形是由银色和金色两颗五角星重叠而成的多角形，正中是红色的五角星和天安门，稻穗和长枪交叉，位于天安门下，意味着保卫祖国。虽然年代已经有些久远，但张富清的3枚奖章在灯光下依旧闪着光芒。

就此，张富清60多年深藏功名的事也迅速传开。这么多年，他甚至对子女都没有提起过。面对前来看望、采访的人们，张富清显得低调而平静，"我只是一名95岁的普通党员、普通公民，没有什么特别的"。面对赫赫战功，张富清给出了自己的答案："和那些牺牲的战友相比，我太幸运了。我现在生活得这么好，有什么资格拿这些出来炫耀呢？"

张富清的事迹被媒体报道后，引发社会的广泛关注，国家博物馆得知后，希望征集张富清的奖章和立功证书。家人问张富清是否舍得，他笑着说："当年国家需要战士，我可以捐躯。现在国家需要文物，我怎么会舍不得几个牌牌和几张纸呢？""在战场上也好，在和平时期也好，只要是党给的任务，就要好好完成。"

2019年5月24日，中共中央总书记、国家主席、中央军委主席习近平对张富清同志先进事迹做出重要指示，老英雄张富清60多年深藏功名，一辈子坚守初心、不改本色，事迹感人。在部队，他保家卫国；到地方，他为民造福。他用自己的朴实纯粹、淡泊名利书写了精彩人生，是广大部队官兵和退役军人学习的榜样。要积极弘扬奉献精神，凝聚起万众一心奋斗新时代的强大力量。

6月17日，中宣部授予张富清"时代楷模"发布仪式在湖北省来凤县文化中心礼堂举行，现场宣读了《中共中央宣传部关于授予张富清同志"时代楷模"称号的决定》，播放了反映张富清先进事迹的电视片。

由于身体原因，张富清没能到"时代楷模"发布仪式活动现场，但面对镜头他讲述了自己的感受："我这一辈子不管走到哪里，都牢牢地记在心上，是党培养我成为一名革命军人、共产党员，我们所做的一切，都是为了国家。"当主持人问张富清的儿子是否读懂父亲时，张建国说："父亲心里始终装着人民，唯独没有自己。这些自己起初不理解，现在终于明白了。这都源于父亲对党的忠诚和感恩。"

7月1日，中央组织部向张富清同志现场颁授"全国优秀共产党员"证书、奖章。[1]

教学目标：

1. 通过了解学习张富清的生平和事迹，让学生理解什么叫"不忘初

---

[1] 以上资料根据人民网、《人民日报》、中国军网相关资料整理形成。

心",帮助学生在人生的旅途中,始终坚守内心善良、奉献的本色。

2. 让学生明确平凡与伟大的辩证关系,认识到"平凡造就伟大,伟大出于平凡",树立在平凡岗位上建功立业的决心和信心。

3. 通过了解社会各界对张富清事迹的学习,感受到榜样的力量,明白精神引领的重要性,自觉践行社会主义核心价值观。

本案例适用于教材第一章"人生的青春之问"第二节"正确的人生观"之三"人生价值的评价与实现"、第三章"弘扬中国精神"第二节"爱国主义及其时代要求"之一"爱国主义的基本内涵"、第四章"践行社会主义核心价值观"第一节"全体人民共同的价值追求"之二"当代中国发展进步的精神指引"、第五章"明大德守公德严私德"第三节"遵守公民道德准则"之三"职业道德"、之四"家庭美德"以及之五"个人品德"的教学使用。

精神价值分析:

1. 不忘初心。战争年代,枪林弹雨冲锋在前,为人民的解放立下赫赫战功。和平建设时期,甘愿到艰苦、困难的地区为党和人民做事。肩挑背扛、开山修路,为民谋福利的初心与使命始终存于张富清心底,这是他从零开始、不断努力迎接时代新挑战的原动力。

2. 淡泊功名。张富清自 1955 年转业以来从未向外人甚至自己的儿女提及自己曾经的辉煌历史,始终以一名普通党员、普通公民的身份平淡生活,没有将战功作为自己的辉煌和资历来谋求更多的好处。名和利在一些普通人眼里,具有很大的诱惑,也往往是一些年轻人追求的初衷。但张富清用他 60 多年的平淡生活告诉我们:人,还能以这样的方式活着,而且活出这样的光彩。

3. 清廉自守。1985 年离休的张富清,现在和老伴仍旧住在建行 20 世纪 80 年代的一栋房改房里。在几十年的岁月中,他始终克勤克俭,严以用权、严以修身,严以律己,公私分明,守小节、管家人、树家风,体现了一名党员的廉洁本色,树立起了一面鲜红的旗帜和标杆。

4. 心怀感恩。作为战斗英雄，没有自己在枪林弹雨中的奋不顾身和舍生忘死，不可能获得赫赫战功；作为建设者，没有在平凡岗位上的恪尽职守和一心为民，不会赢得百姓的拥护和爱戴。但张富清，没有将这一切归于自身的努力和坚守，而是始终牢记是"党培养我"，没有党的培养，不会有自己这个革命军人、战斗英雄和共产党员。怀着感恩之心，才会有长达60多年的无言报国之行。

5. 精神传承。张富清的事迹被报道之后，全国掀起了一股学习老英雄的浪潮，各行各业在精神文化层面接受了一次全新的洗礼。"一个有希望的民族不能没有英雄。不怕牺牲的战斗精神、淡泊名利的高尚情操、矢志奋斗的人生信条，为我们生动诠释了'英雄'的深刻内涵"；"作为年轻人，我们应该向老英雄学习，树立'功成不必在我，功成必定有我'的担当，踏踏实实做好每一项工作"；"一定要以他为榜样，不忘初心、牢记使命，立足岗位、默默奉献，认真做好每一项工作，为人民群众交出一份满意的答卷"。如此众多的心灵觉醒和信心激发都表明，榜样的力量是无穷的，精神引发的社会力量将是无比强大的。我们需要学习英雄，我们也应当努力成为英雄。[1]

教学融入设计：

1. 在第二专题"人生观教育"下的二级专题"人生教育"中，与课内实践项目"我的价值在哪里？""社会主义核心价值观如何体现"讨论活动相结合，以此案例为对象让学生思考普通人的人生价值与社会主义核心价值观的具体体现。也可以介绍几种消极和不正确的价值观的表现，让学生通过对比来感受不同价值观之间的差别，并在价值的比较中选择和树立"我也可以做这样的人"的理念。

2. 在第三专题"爱国教育"的课内主题交流会"最想对先烈说的话"活动中，让学生自由选择相关主题给张富清写一封信或说一段话，通过与

---

[1] 以上资料来源于东方网，2019年5月28日。

英雄近距离对话让其沉淀内心，同时发现学生有思想和观念上的偏颇，及时跟进引导。

3. 在第四专题"道德教育"中的二级专题"家庭美德教育"中，通过调查和搜集身边人的家风和家训来探讨不同家风对家庭成员和社会风气的影响和作用，并通过与此案例相近家风的分析来总结其共同的本质；也可在"职业道德教育"中，结合课内实践项目"我的事业"深入探讨张富清的职业操守和自己的专业所需的道德原则。

问题拓展探究：

1. 有人说，名和利是让人进步的原动力，作为大学生，你怎么看？
2. 如果张富清的事迹没有曝光，你觉得他这样的行为还有意义吗？
3. 你想对张富清老英雄说些什么？
4. 你身边有像张富清这样的"无名英雄"吗？你最欣赏他（她）的哪种品质？

相关资料推荐：

1. "张富清——英雄本色"，央视网，2019年4月16日。
2. 英雄无言——95岁老党员张富清的本色人生，新华网，2019年4月8日。
3. 老兵张富清：一辈子的坚守，人民网，2019年5月28日。

案例17："时代楷模"——平凡中的不平凡

案例呈现：

"时代楷模"是由中宣部集中组织宣传的全国重大先进典型。时代楷模充分体现了"爱国、敬业、诚信、友善"的价值准则，充分体现了中华传统美德，是具有很强先进性、代表性、时代性和典型性的先进人物。时代楷模事迹厚重感人、道德情操高尚、影响广泛深远。根据时代楷模的职业身份，以中宣部和有关部门名义发布，在中央电视台设立"时代楷模"发布厅。① 自2014年开始评选以来，截至2020年，已有108位个人和群体先后被授予"时代楷模"的荣誉称号，这其中，既有危急时刻挺身而出的杜富国、张劼、中船重工第七六〇研究所抗灾抢险英雄群体、武汉长江救援志愿队、海军372潜艇官兵群体、国家援鄂抗疫医疗队等英模，也有默默无闻，孤寂坚守的"校长妈妈"张桂梅、王继才王仕花夫妇、八步沙林场"六老汉"三代人治沙造林先进群体、卓嘎、央宗姐妹、魏德友等平凡榜样，还有在科技战线奋勇鏖战的李超、黄志强、黄大年、南仁东等科技精英，更有不忘初心、坚守本色的张富清、李文祥等战斗英雄。然而最多的，却是那些在自己平凡岗位上恪尽职守，做出不平凡事迹的普通百姓，他们或警察、或军人、或工人、或教师、或医生、或法官、或作家、

---

① 以上资料根据中国文明网整理形成。

或商人、或基层干部，以自己的一生，诠释着这个社会、这个时代、这个国家最应有的某种精神。

以下展示的为部分"时代楷模"荣誉称号获得者代表的先进事迹。

黄大年，男，广西南宁人，2009年放弃了在英国享有的优厚待遇和优越生活，怀着满腔爱国热情归国，到母校吉林大学任地球探测科学与技术学院的教授和博士生导师，在八年的时间里，他带领团队用自己的毕生所学顽强攻关，在航空地球物理领域取得一系列重大的科技成果，在填补多项国内技术空白的同时，为我国深地资源的探测和国防安全的建设做出了突出的贡献。2017年因病逝世，享年58岁，被追授为"全国优秀教师"，获得"感动中国2017年度人物"和"杰出科学家"等荣誉称号。

张桂梅，女，云南丽江华坪女子高级中学校长，华坪县儿童福利院院长，扎根边疆，在教育一线坚持奋斗40余年，默默耕耘、无私奉献。推动创建了免费招收贫困女生的高中学校，在教育教学中，不断引导学生铭记党恩、回报社会。她常年坚持家访，行程超过11万多公里，生活简朴到极致，工资及奖金全部捐给了贫困学生，为学校能够留住学生、学生能够用知识改变命运付出了自己的一切。通过她的努力，该校自2008年建校以来，已先后帮助超过1800多位山村女孩走出了大山，接受了高等教育，在用知识改变贫困山区女孩的命运，用教育来阻断贫困代际传递的道路上，做出了自己的贡献；展现了当代的人民教师高尚的师德和责任担当，曾荣获"全国三八红旗手标兵""全国优秀教师""全国教书育人楷模"及"全国五一劳动奖章"等荣誉称号。

教学目标：

1. 通过学习和了解新时代的这些平凡英雄，让学生明白即使不是在战火纷飞的革命年代，普通平凡的人们也需要理想来引领自己的人生；帮助学生树立远大的理想和志向。

2. 通过引导和分析，让学生明白即使不是什么伟大人物，也能在每一个平凡的岗位上写下报效祖国、服务人民的不朽一笔，帮助学生树立爱国情怀。

3. 通过学习和分析，帮助学生远离消极和不正确的价值观，树立科学、正确的人生观和价值观。

本案例适用于"绪论"之二"时代新人要以民族复兴为己任"、第一章"人生的青春之问"第三节"创造有意义的人生"之三"成就出彩人生"、第二章"坚定理想信念"第三节"在实现中国梦的实践中放飞青春梦想"之"个人理想与社会理想的统一"、第五章"明大德守公德严私德"第二节"吸收借鉴优秀道德成果"之"发扬中国革命道德"的教学使用。

精神价值分析：

1. 新的时代需要伟大的精神。当前，我国已进入全面建设小康社会的关键时期，问题多、挑战大，思想容易混乱，斗志极易丧失，迫切需要有种精神上的引领。时代楷模的推出，让大家看到了自己现实生活中的精神榜样，这些身边人的真实事迹以极为有力的方式震撼和触动了人们内心，那些深藏着的对真善美的渴望会通过这种引领激发出来，在整个社会中形成文明社会道德风尚，从而进一步凝聚起促进民族伟大复兴的强大精神力量。

2. 热爱祖国、热爱人民的思想境界。这些被评为时代楷模的人物，无论是面对危险的挺身而出，还是在艰苦地区的漫长坚守，抑或是平凡岗位的默默奉献，体现的都是对祖国的深深挚爱和对人民的大情大义。心里装着祖国和人民，才能以国家和人民的利益为重，不怕牺牲，甘于奉献，以牺牲小我的方式来成就大我，放弃一己之爱释放人间大爱。新时代需要这种精神，青年学生，就应该像他们那样，满怀对祖国、对人民的无限热爱之情，自觉将爱国之情转化为报国之志，将个人奋斗融入国家富强、民族振兴的历史进程，为实现中国梦贡献自己的智慧和力量。

3. 平凡与伟大的人生价值。这些人物所处的环境和工作岗位各不相同，但都将自己的岗位看成是人生的舞台，将助人为乐视为做人的本分，将无私奉献当作最大的幸福。正是这样的精神境界和道德品格，使他们在危急时刻伸出援手，在不危急时刻坚守善心。在人的一生中，平凡的时候总是多过不平凡，在人群里，平凡人物的人数也总是超过不平凡，但历史正是由这些众多的平凡和不平凡的人物合力推动的。光荣在于平淡、艰巨在于漫长，只要有心，每个人都能成为自己的英雄，每个平凡的人生，都能奏出华彩的乐章。

4. 传统道德的弘扬。默默无闻地工作着、学习着、生活着，默默无闻地坚守着自己的道德标准，以点滴的积累，以持久的追求，汇聚了不寻常的道德力量，铸就了自己的坚强意志。从这些英模身上可以看到，无私与善良其实就在自己身边，无畏与勇敢平凡人也可以做到，伟大没有那么遥远，把小事做好就是不平凡，平凡能够铸就伟大。向时代楷模学习，就要"勿以善小而不为"，认真做好身边事，力所能及地帮助人，从自己做起，从小事做起、崇德尚义、积小成大，自觉做中华传统美德的传承者和社会主义核心价值观的践行者，向时代楷模学习，就要树立助人使人幸福、奉献使人快乐的幸福观，弘扬宝贵的利他精神，在关心他人、帮助他人中找到真正的快乐、实现内心的充实，以春天般的温暖促进社会的和谐和睦。

5. 遵守职业道德、弘扬职业精神。无论身在哪一行，都要干一行爱一行，钻一行精一行。立足本职、扎实工作，以对事业高度负责的精神，实现自我人生价值的同时，引领时代的进步，实现个人价值和社会价值的有机统一。

教学融入设计：

1. 在"适应教育"这一章中，在了解了新时代是一个什么样的新时代之后，教师提问"这个新时代的人应该是一种什么样的人？"，学生回答该问题，以明确新时代对青年的要求；继而通过"你想成为什么样的人？""你看到有这样的人出现吗？你的态度如何？"一系列问题的追问，引发学生对自己未来的设想，从而树立与时代同步、与祖国同行、与人民同心的基本信念。

2. 在"人生价值"内容的探讨中，通过展示一些青年群体中较为普遍的利己主义、实用主义、功利主义和虚无主义等现象，剖析青年人空虚和无聊背后的根源：没有找到自我的价值所在，即缺乏正确的人生价值观。然后介绍和展现时代楷模的一些事迹，让学生明白：人，还可以这样活；人生，还可以这样过。通过正反的比较，让学生自觉反省自身和身边一些不正确的价值观和人生观。

3. 在"理想信念教育"这一讲中，对于什么是远大而崇高的理想，让学生予以思考和讨论，然后通过介绍时代楷模的事迹，让学生思考：这些人的理想是平凡还是远大，是普通还是崇高？通过剖析和探究，让学生从认知上明确平凡与伟大、崇高和普通的辩证关系，实现人生目标的理想性和现实性的有效结合。

4. 在"道德教育"这一讲中，可以分两个部分来进行。第一是围绕传统优秀道德让学生通过"道德观察"活动来寻找身边的道德闪光和道德败坏的案例，分析各自背后的原因，找出解决问题的措施和办法，尤其是分析为什么大多数人陷于焦虑和狂躁的时候，这些英模能够甘于平凡地发光。第二是在职业道德教育中，针对不同的职业究竟有什么样的道德要求让学生根据自身所学专业确立未来的职业基本操守。两个部分的展开均落足于当代青年学生无论是生活还是工作，都应当有基本的道德操守和伦理标杆，这既是人类的底线，也是人类的闪光点。

问题拓展探究：

1. 对于社会中出现的：为了出名，出丑、出轨、出位、潜规则等现象，你怎么看？

2. 你在现实生活中遇到时代楷模类似的行为，会认为他们傻吗？如果有人中伤他们，你会维护他们吗？

3. 在这些时代楷模中，你最敬佩哪一位？为什么？

4. 如果让你选择一位时代楷模，你最想对他（她或他们）说什么？

相关资料推荐：

时代楷模——中国文明网。

案例18：第三届"中国青年好网民"
——讲好中国故事

案例呈现：

"中国青年好网民"优秀故事征集活动由团中央宣传部和中央网信办网络社会工作局主办，依托组织推荐和网络自荐等渠道，第三届共征集到故事2095个，通过初步筛选、网络推选及专家评审等环节，最终评选出了100个优秀故事。

这些优秀故事中的主人公来自全国各地的各行各业。既有在网络上积极传播正能量的媒体工作者，也有从事网络侦查与网络安全保卫工作的民警，还有热爱传统文化，积极推广国风音乐和华服文化的年轻网友，以及通过互联网开展公益活动的普通志愿者，他们的故事代表着年轻网民积极向上的姿态和责任担当的精神与情怀，树立了良好的中国网民形象。

以下为部分优秀故事代表。

@丁丁的故事——作为一名90后，她从事的是网络侦查工作，在互联网上主动搜集并研判一些涉及侵犯公民隐私、网络黑客以及涉枪涉毒的犯罪线索，曾参与破获多起网络犯罪案件。在侦察和研判犯罪线索的同时，她还积极宣传和普及防范网络诈骗等安全知识，以提升大众的网络安全意识和防护技能。

丁波的故事——长期坚持在网络上创作和发布内容积极向上而又生动

有趣的高质量文化作品。从2018年的《高铁集结！"陆地航母"再起航》及《动车所里的"夜猫子"》到《凌空行走，为九江长江大桥"把脉问诊"》和《列车长的"探亲"之旅》，他用图片和视频，传播了爱岗敬业和无私奉献的价值观。

丁雷的故事——2011年，他开始以"新一代高铁工人"的网名在百度贴吧讲述中国轨道交通的过去和现在，向网友普及中国铁路的发展历史及伟大成就，累计发帖及回帖近万条。之后，又在微博、微信等平台发布了《那些年我们一起制造过的动车组》及《那些年我们冲出的高铁第一速》等文章，让更多的网友了解中国铁路，爱上中国高铁。

于梦婷的故事——因为心怀古典情怀，一直致力于汉服及传统文化的推广活动，曾自费筹办了两届"中华传统文化晚会"，成立"北京墨舞天下汉服社"，不遗余力弘扬中华优秀传统文化。

@小仙的故事——喜欢国漫并开始国漫的创作和运营，参与打造了《一人之下》《领风者》等多部深受年轻人喜爱的作品，从业十多年来，在努力中经历和见证了国漫的萌芽和发展。

马新欣的故事——作为一名公诉人，参与建立了靖宇县最大的志愿者组织——"靖宇网络志愿服务团队"，开展和组织了多项公益活动，并在当地网络论坛设立法律咨询栏目，义务普法。

王小乔的故事——三农领域的短视频创作者，曾在"乡村小乔"网络公益平台，开展免费的网络直播，三天里帮助当地蒜农售出了3万多斤大蒜。此外，还为云南的红河梯田红米、陕西的秦薯以及家乡的"鲜花小镇"进行网络公益性宣传，借助网络助力脱贫攻坚。

王子龙的故事——为避免青少年在网络世界可能受到的思想误导，王子龙积极发声，参与舆论引导，曾创作了《义和团所做的，是他们唯一能够做的》和《当"抛弃"成为一种习惯——真实历史里的敦刻尔克》以及《中国是个幸运的国家吗？》等多篇文章，帮助青少年网友正确认识中国的历史和现实。

王远贵的故事——借助网络平台进行慈善公益宣传，创建了贵州"爱心之家支教团"网站，招募支教志愿者超过500人，在贵州50多所乡村中小学开展了志愿支教活动，参与的多项慈善项目如"圆爱工程""免费午餐""拾穗行动""结对资助"等，累计筹资达4000万元，获得帮助的留守儿童和农民工子女多达4万人。

王晏然的故事——从小学习古筝，擅长多种乐器的演奏，在大学期间，改编了200多首古筝流行曲，如《克罗地亚狂想曲》《红颜旧》《魂斗罗》《悟空》等，并以"玉面小嫣然"的网名通过各大网络视频平台发布。

王渤洋的故事——面对网络上出现的对雷锋及其精神进行抹黑的帖子和一些历史虚无主义的论调，作为一名教师的他撰写了《续写新时代的雷锋故事》等网评文章，带领学生重读《雷锋日记》，弘扬雷锋精神。

毛晶玥的故事——以匿名的方式加入各种网贷群和催收群，梳理出不良网贷的套路，并把自己潜伏的经历以及不良网贷的危害和应对策略制作成一系列的视频和动画上传网络，如《5分钟带你搞懂校园不良借贷》和《我很想知道一个学生为什么借这么多钱》等，引发广泛传播。

@为了狮子头的故事——传播国风文化十余年，曾创作《金陵·秦淮夜》《不负时光》等点击量过亿的歌曲，担任"心时纪""玄武纪""结绳纪""居庸关长城国风公益音乐会"等音乐盛典的制作人，大力传播中国优秀传统文化。

@幻想浅绿的故事——创设历史社团"史图馆"，以中国地图和疆域变迁等为主要内容制作地图视频，普及历史知识的同时，宣扬爱国精神，获得数十亿次的播放，引发国内外华人的热烈反响和强烈共鸣。

@石豪的故事——利用业余时间在网上撰写专栏，向网友普及航空航天的知识，讲述革命先烈和英雄榜样的先进事迹，鼓舞知识青年报效祖国，2019年所写的《一念之择，中国少了一位诺贝尔物理学奖获得者》，讴歌了于敏、华罗庚及钱学森等老一辈科学家的爱国报国情怀，由共青团中央发布，被人民日报等媒体转发。

@叶子警官的故事——制作警察题材的表情包，设计出了代表公安正能量的卡通形象"小薇"，在"漫画说防范"专栏中用漫画和微视频的形式向广大网民传授安全知识，至今已推出 500 余幅手绘漫画和 40 余期微视频。

申鹏的故事——长期专注于历史、文化及科技领域的网文写作，创作了如《我们该如何消灭贫穷？》《100 年前，那群中国少年》等立场鲜明、激浊扬清的文章，提供正确的价值观引导。

田霄媛的故事——根据在地铁服务工作过程中的心得感悟创意改编出了武汉地铁版《中国很赞》《卡路里》《护花使者》等多个视频歌曲作品，展现出武汉地铁人的青春力量。

冯罗鑫的故事——用文字和视频传递公安干警身上的正能量，通过挖掘和宣传身边的好故事来影响和感染广大网友，其中《保持通话》《生死时速2公里2分钟》等被"中国长安网"及"人民警察网"等媒体转发，引发大量关注。

@百万剪辑狮的故事——坚持创作正能量的视频来传递爱国主义，弘扬主旋律，《中国的未来，拜托了》是近百部作品的代表作之一，在网上引发了热烈反响。

@因你而在的梦的故事——在 B 站坚持发布正能量的鬼畜视频，其填词作品中均饱含着浓厚的爱国主义情怀和满满的青春正能量，如"热血挥洒战场，阵前旌旗飘扬，鲜血洒戎装，书信寄予远方——"，积极践行和弘扬社会主义核心价值观。

宏亮的故事——用精湛的网络技术，扎根于基层网络安全的主战场。先后作为主要技术人员参与侦破的网络领域的赌博、贩毒、诈骗、贩枪及传播邪教等特别重大的网络犯罪案件多达 380 余起，对创建网络安全环境发挥了重要作用。

任凯利的故事——在个人微信公众号"交大 Kelly 说"和"解忧店""种草阅读原创工厂""看天下""人物纪"等多个栏目中发布《我为什么要做一名高校辅导员？》《做学生干部是一种怎样的体验？》等一系列与自身工作相关的优秀网络文章，积极引领校园思想，推进师生交流。

庄宏的故事——在微信公众号"眼界聚贤庄"中发布与医学相关的原

创图文70余篇，并在"眼博士讲科普"栏目中创作了"趣味艺术医学图文"等作品，向大众普及眼科的相关医学知识。

刘亚南的故事——积极关注各类社会问题，参与创作《总有人偷偷爱着你》《硬核青春》《儿童拐卖你真的足够重视吗》以及《网络语言暴力》等一系列关注社会问题的作品，用"人类实验室"来感动和激励无数的青年奋斗者。

关宇的故事——作为从事空中乘务员工作的年轻人，通过微信公众号"停机坪"，结合自身的工作经验发布一些如航空安全知识、文明乘机、航班不正常原因及航空业热点事件等知识普及和专业解读的文章和作品，多次被新华社、人民日报等主流媒体转载，引发广泛关注。

@军机不可泄露的故事——通过微博积极发声，对流量明星的数据造假行为和粉圈日益极端化的现象进行抨击和批评，引导网民理性追星，并通过"官宣体"弘扬网络正能量。

@红茶魔术猫的故事——长期专注于历史科普的作品创作，将历史知识用通俗易懂的方式进行创作和宣传，如《俺家的武穆不可能这么萌》和《说一说平型关大捷》等，用唯物史观和翔实的档案史料，有力地回击了历史虚无主义言论。

李博的故事——用影像记录家乡，创作了《闯青春》《丹桂飘香》《成长梦想》《寻找妈妈》《一摞旧书》等约四十部的网络影视作品，连续三年获得"亚洲微电影节"金海棠奖，播撒了青春正能量，弘扬了社会新风尚。

李缅的故事——长期活跃在网络安全一线，协助破获的案件多达1000起，参与抓获的各类网络犯罪嫌疑人超过800余人，多次立功受奖。2018年创新对自媒体的管控方法，将自媒体信息建档入库，实行归口管理，通过日常的网络巡查实现对网络谣言的快速定位和精准打击。

杨天翔的故事——作为一位从事配音的演员和导演，他用《妖猫传》中的空海、《白蛇·缘起》中的阿宣、《狐妖小红娘》中的白月初等一系列人物，表达了自己对配音与表演的热爱，是"729声工场"的核心成员，不断超越自己，勇于追梦。

杨娜的故事——组建华服社团，通过"@兰芷芳兮"账号进行传统文化的推广和宣传，发表和出版了《汉服归来》《华夏礼仪》《华夏有衣》等文化文章与书籍，受邀参加"中国华服日"主题活动研讨会，并担任活动主持人和演讲嘉宾。

张严峰的故事——作为周至县尚村镇张屯村的一个普通村民，在打工之余义务兼任张屯村的网站站长，致力于打造一个建立在熟人社会的农村互联网平台。在长达8年的时间中，他通过搜狐、新浪微博等近10个网络平台发布了1.1万条信息，在宣传家乡发展的同时，帮助村民创收5万多元。

张凌霄的故事——专注于将受青少年欢迎的网络元素进行二次创作，80多篇作品主要围绕党和国家革命和创业的艰辛来展开，宣传爱国主义价值观，代表作有《沙漠骆驼》《出山》。

张海涛的故事——专注于寻人志愿活动，运营"寻人微信群"等公众号，带头创建了网络寻人志愿团队——"戴河一号"，共集结志愿者超过1000名，运用网络传播成功寻人数十名。

张德忠的故事——运营@中国反邪教账号，创作出以反邪教知识科普为内容的系列短片"答网友问"，还曾根据网友提供的相关违法行为的线索，依托反邪教矩阵，快速有效地处理了某小区的大量邪教宣传品。

陆曾昕的故事——2012年至今，先后用"幽灵行动lzx"及"幽灵行动lzx2代"的网名，在各类网站和贴吧发布普及历史知识、澄清历史谣言的帖子和文章，累计近8.8万条。尤其是面对网络上一些污蔑解放战争的谬论时，他凭借其丰富的历史知识，进行了及时的驳斥，捍卫了历史的尊严。

陈磊的故事——网名"二混子"，是一名拥有近700万粉丝的漫画家，用自己的画笔和诙谐幽默的漫画，在微信公众号"混子曰"里，讲述世界历史、中国及各国历史，以及社会热点和各类科学社会常识，通过"专治不明白"开发着传播知识的新方式。

@到处挖坑蒋玉成的故事——作为一名信息领域的博士生,通过在知乎等平台撰写专栏文章和回答提问,将个人经验和行业信息,提供给有志于从事软件开发和人工智能等相关工作的网友,尤其是非计算机专业出身的"小白"青年,从职业路线的规划到相关专业课程的自学引导,均提供专业咨询和义务帮助。

周坤朋的故事——与团队历时两年,实地勘察了北京16个区的209处水文化遗产点,掌握了北京水文化遗产的数量、类型及价值状况,建立了翔实全面的北京水文化遗产数据库,参与创建了北京水文化遗产的特色资源库网站,出版了《什刹海水文化遗产》,创建了一系列的"北京水文化遗产"宣传平台,并推出了相关的公益宣传短片,建立了较为系统的北京水文化宣传教育体系。

郑阿龙的故事——公益达人,也是一名退伍老兵,参与发起建立利辛县爱心协会与利辛县互联网协会,策划了多项网络公益活动,如"关爱抗战老兵在行动""关爱老人在行动""关爱留守儿童爱的背包"等,促进了公益活动的发展,传播了社会正能量。

钟晓亮的故事——立足公路局宣传工作的实际,在网上利用创建话题、创作微电影等多种方式传播安全知识,代表作有《冰雪保畅,他们无问西东》和《越安全越幸福》《脏爸爸》等,展现了新时代养路工人的风采。

姜子华的故事——创作了多个党员主题教育漫画作品,如《太萌啦!漫说党员教育40年变迁》及《这个春节,哪些事党员干部不能"盘"》等,以及多个关注基层民生和民俗、倡导移风易俗的作品,如《我的婚礼我做主》等。

@耿直哥的故事——环球时报栏目《耿直哥》的撰稿人,长期坚持在网络舆论场上与各种网络谣言和侵害社会主流价值观的言论做斗争,从印巴冲突和中美贸易摩擦等国际大事,到医患关系、警察执法等社会问题,他都通过撰写评论文章来积极正面地引导舆论。

海尼扎提的故事——参与创作讲述毒品给人带来危害的微电影《多米

诺效应》，获公安部禁毒类短视频的一等奖，所在的"石榴团队"推出了上千条幽默风趣的短视频，向网友展示了新疆人热情、豪爽的性格，也展现了民族团结的重要性。

@检姐姐的故事——作为一名检察官，凭借其丰富的刑事侦查经验，入选最高检的"智慧侦监人才库"，在"检姑娘讲故事"微信公众号和"上海检察"公众号上的"周末侦有料"专栏上，创作多篇以案说法、"图解"检察工作的文章，积极普法。

@维克多尤里的故事——长期坚持与不实的网络言论做斗争，宣传我军的光荣历史，塑造我军的良好形象，代表作有《长空铸剑浩气长存国之栋梁》及《中国为什么要领先世界》等，是"神评论工厂"团队中的一员，为净化网络环境坚持着自己的努力。

董政的故事——运营着四平市公安局的官方抖音账号——"四平警事"，开创了以情景喜剧短视频的方式进行普法的先河，累计播放量超过十五亿次，在全国公安系统及社会上引发强烈反响。

韩亚荣的故事——作为一名移动公司的员工，配合公安部门在整治"伪基站"、打击网络犯罪活动中表现突出。2018年至今，先后配合相关部门进行轨迹监测30多次，查询涉案号码以及IP地址上百次，打击伪基站1处，为公安部门的案件侦破提供了有力的信息支撑。

@Snapdragon的故事——用"骁龙（Snapdragon）"的网名，在多个网络平台上创作了多篇军事科普类的文章，如《中国海军发展简史》与《走向深蓝的凯歌》等，在回顾我党我军艰苦历程，展现新时代解放军形象的同时，积极地同各种历史虚无主义进行斗争。①

教学目标：

1. 通过学习这些案例，让大学生明白跟自己一样的平凡学生和普通

---

① 第三届"中国青年好网民"优秀故事简介，中国青年报，中国青年网，2019年8月27日。

人，也能在电脑前、网络上发挥正能量，帮助他们树立正确的价值观。

2. 通过了解学习这些网络优秀故事，让学生明白舆论斗争和意识形态斗争的重要性，在网络上学会分辨是非，把握浏览、学习和评论的正确方向。

3. 通过了解学习案例故事，培养学生关注社会发展、弘扬中国优秀传统文化和社会正能量的习惯，鼓励并推动他们在网络中捍卫正义、彰显中国风采。

本案例适用于"绪论"之一"我们处在中国特色社会主义新时代"、第三章"弘扬中国精神"第二节"爱国主义及其时代要求"之二"新时代的爱国主义"、第三章"弘扬中国精神"第三节"让改革创新成为青春远航的动力"之二"改革创新是时代要求"的教学使用。

精神价值分析：

1. 多元文化也需主流引领。21世纪的今天，随着互联网时代的进一步发展，信息爆炸，网络里的虚拟世界成为人们信息交流和获取知识的主要途径。多元文化混杂，传统的价值观和主流思想不再像过去那么凸显，人们的思想和观念也随之迷茫。因此，在网络时代，人们急需一种精神的引领和价值观标尺，帮助自己厘清对与错、是与非、好与坏。这就使得在网络上宣扬社会主义核心价值观的人和事往往能够立马引发群众的共鸣和关注。可以说，这些网络名人的脱颖而出，恰恰反映出其所代表的价值观满足了诸多网民内心的精神渴望。

2. 优秀传统文化需要继承和弘扬。进入新时代以来，习总书记多次强调，优秀传统文化是中国特色社会主义发展的重要文化基础和力量来源。作为有着五千年悠久历史的大国，对于传统文化的继承和弘扬有着不可推卸的责任和义务。继承和发展优秀传统文化，一方面是为了保留中华民族在历史进程中的诸多宝贵经验和教训，实现文明的传承；另一方面是在中国优秀的传统文化里面，蕴藏着诸多可以为现代中国乃至当代世界诸多现实问题提供解决方案的智慧信息。

3. 意识形态的较量任重道远。多元文化交融的信息网络时代，人们更为自主和自由，这在给人们提供诸多选择的同时，也蕴藏着思想防线被攻破的风险和危机。习总书记谈到"伟大的斗争"中一个很重要的内容就是意识形态的斗争，这是一场没有硝烟的战场，谁能在舆论阵线占据主导权，谁就能统领人们的思想。思想决定行动，随之而来的是整个社会资源、机会等现实利益的调整和统领。因此，即使是在社会主义的新时代，网络战场、舆论战线的意识形态斗争也不能有丝毫的放松。站稳立场、坚守信念、明确大是大非，是网络空间最基本的政治素养。

教学融入设计：

1. 在绪论关于新时代的理解中，让学生畅谈什么是新时代，"新"在哪里？自己能感受到的最大的时代特征是什么，然后从中引发出信息网络时代怎么成才的问题，探讨成才是否是"成功"？结合上述案例，让学生明确网络信息时代成才的基本方向就是弘扬社会主义核心价值观、弘扬优秀传统文化，宣扬社会正能量。以这个方向为统领，才能找到自己与祖国、与时代共进步的契合点，也才能实现事业和人生的成功。

2. 在"中国精神"的"优秀传统文化"内容中，让学生通过"你所知道的现在网络流行的有哪些优秀传统文化？它们为什么会流行？"这些基本问题的回答，分析中国优秀传统文化中的核心精神及当代意义。然后结合案例，让学生归纳概括在网络上宣扬优秀传统文化的几种方式和方法，帮助他们矫正"传统就是过时"的错误理念的同时，为他们明确宣扬正确的现实路径。

3. 在"中国精神"的"时代创新精神"内容中，对于创新的理解，书本更多侧重于科技创新，对于文化创新的理解，可以从上述案例着手。通过让学生学习上述有关文化的相关案例，概括其对于文化宣扬的非一般的做法，深入剖析"这种做法是否属于创新，为什么？"，从而让学生对于创新有更为具体和实质性的理解，为自己走创新之路提供经验借鉴。

问题拓展探究：

1. 你在网络上一般关注的是什么人？什么事？为什么？

2. 你觉得当选的这些人为什么会评上？

3. 你觉得成为这些人容易吗？你自己可以吗？

4. 你觉得现在网络上有什么急需解决的问题，你可以帮助解决什么问题？

相关资料推荐：

1. 第三届"中国青年好网民"优秀故事简介，中国青年报，中国青年网，2019年8月27日。

2. 第二届"中国青年好网民"优秀故事简介，中国青年报，中国青年网，2018年8月2日。

3. 2016年中国青年好网民优秀故事简介，中国青年报，2016年12月28日。

4. 中国青年好网民优秀故事分享，腾讯视频。

案例19：14亿中国人的战疫之路
——强大的民族力量

案例呈现：

在2019年至2020年交替之际，武汉发生了新冠肺炎疫情，由于该病症极具传染性，疫情逐渐随着春运的人流大潮开始外扩，蔓延至全国，形成爆发之势。抗击疫情，刻不容缓，国家一声令下，医护人员穿起白衣，成为战士，走在了抗击疫情的最前列，随即，中国抗击新冠疫情的全国性战役打响，14亿中国人，就这样在辞旧迎新之际，走上了一条从来未曾走过的艰难、悲壮而又荣耀的护国之路。

2月9日这一天，载着6000多名医护精英的41架飞机，从祖国的四面八方飞向武汉，落在天河机场。按照国家的抗疫安排，此次来武汉抗击疫情的后援团实行的是"一省包一市"的计划，就是国内的每一个省，负责湖北的某一个市，进行定点援助。此刻的湖北，就像是一个生了病的小孩子，在悲伤无助之际，一群大哥哥赶来，对这个孩子说，别怕，我们保护你！

以"一身白衣，舍一己安危，守一方平安！"为承诺的协和医院医疗队，与高呼"百年湘雅，从未负国！"的湘雅医院医疗队相遇时，白衣便有了战士的豪迈与悲壮。山东齐鲁医院医疗队和四川华西医院的医疗队在奔赴武汉途中相遇，一方问："你们是哪个医院的？"另一方答："华西医院的！"回复："我们是齐鲁的。我们一起！"是的，一起！这两所医院曾经也一起战斗过，上一次，是大敌当前的1937年，齐鲁医学院搬至四川，与华西医学院在一起办学办医。一眨眼，时间过去了83年，山河有恙，他们再次重逢！这是又一次出征，中国最精锐医院的王炸组合——北协和、南湘雅、东齐鲁、西华西，这四大医疗天团将怀着各自的豪情和满腔的热血携手出征，共同拯救武汉，保卫中国。当所有人揪着心只能在内心大喊"武汉加油"的时候，他们加满油，提刀上阵，成为真正的勇士，与死神抢人，他们知道，只有自己冲上去，武汉才有可能好起来。

网上曾经出现过几份聊天记录，是关于南京市第一医院的，该院接到的任务是：需要派出54名医护人员前往武汉提供医疗援助。在接到任务后，群里发出了自愿报名的通知。谁都知道，此次任务的危险、辛苦以及艰巨程度远超以往。

究竟会不会有人报名呢？领导心里也没底。

通知发出后几分钟，"我！""我报名！""算我一个！"——齐刷刷的报名信息回复了过来，很快，人就凑齐了。这些看上去文文弱弱的医生，此刻却表现出了铮铮铁骨。希望你们齐整整地出发，齐整整地回来！

然而，这里每一句"我报名"的背后，都有着不寻常的故事。

为了不让家人担心，大年三十驰援武汉的女军医彭渝，谎称自己在医院值班，直到在网上看到别人发出的出征照片，她的老公才知道她已奔赴一线。在电话中埋怨道："怎么就不说一声呢？——连去看你一眼的机会都没有，你就走了。"

话虽这么说，几天后，那位被埋怨的女军医却在手机上看到老公发来的一条留言："你是我妻，也是战友，使命在先，盼早日凯旋！"寥寥数语，背后却是"吾已许国，再难许卿"的深情，穿越历史，在2020年的今天，又被演绎出新的故事。加油吧，女军医，我们与你的爱人一起，期盼着你的凯旋！

如此的故事，太多太多。

一位女医生说她出发的时候，天上下着大雨，妈妈连伞都没拿，跟在自己乘坐的车子后面，一直狂奔，当时"真的下好大雨——"这个妈妈一心想保护的人，现在要去保护别人了，可是到了那边，又有谁来保护她呢？

当他们为了去救更多的人而抹着眼泪告别家人的时候，所有出征医护的家人，应该都有这样揪心的担忧吧？

朱海秀，来自广东医疗队的一名护士，1997年出生的小姑娘，瞒着父母前往一线，在和爸爸打视频电话时，这个孩子第一次看见坚强的爸爸哭了，在记者建议她面对镜头给家人报平安时，她为难地背过身，随即又仰起头，笑笑说："我不想哭——虽然我的眼泪在眼睛里打圈，但我不能哭——护目镜花了就干不了事情了——对不起！"

很多人看到这个视频都说，自己的眼泪也在眼睛里打圈了——平实的话语怎么就有那么动人的力量呢？一个22岁的年轻姑娘，本来是可以坐在咖啡馆里悠闲约会的，可是她却披上战袍，冲到一线，顶着大大的黑眼圈，去替全国人民打仗。

让我们记住这个像花一样美，又像战士一样勇敢，还像天使一样善良的年轻女孩吧！愿她能有美好的未来，也愿她能成为更多年轻人的榜样。

汪晓婷，一线抗疫的一名医生，为避免感染家人，一直在宾馆居住。2月6日的凌晨3点，上班路上，为防止感染，拒绝了老公的护送，当时天下着雨，老公就一路开着车，缓缓地跟在她身后，用车灯默默地护送。前路艰险，风雨艰辛，身后，永远有那么一个人，在无言地守候！

有那么一个军医，别人的防护服后面写的都是自己的名字，但他身后写的却是：湖北姑爷。只因老婆是湖北人，希望通过这个身份，让湖北的病人们觉得亲切，能够更放松。四个字的背后，是一个医生对其病人满怀的善意和体贴，这样的医生，我们不信他对病人会不好。细节见人心！

车前子夫妇，作为深圳市中医院的医生，此次抗疫，都在一线。忙完一段时间的工作后，车医生想给父母和年仅3岁的女儿送点生活用品，为防止女儿认出，不让他走，只好装扮成一名快递员。在家门口隔着一米的距离，放下东西，向父亲简单交代两句后，便匆匆离开。只有他自己知道，当时其实很想很想看看自己的女儿，可是最后……还是走了。

是啊，舍小家为大家，说出来容易做起来难，因为当自己真正面临的时候，谁又会那么轻易地舍下呢？自己的孩子，却要拒之千里，谁又能轻易地做到呢？许飞有一首歌，里面有这样一句歌词：我敬你满身伤痕还如此认真，山水迢迢还奋不顾身，我敬你万千心碎还深藏一吻，乌云滚滚还走马上任……

在武汉的汉口医院，一对夫妻，因为都在一线抗疫，女儿因此被送回老家交给亲戚照顾。之后，丈夫不幸感染，虽然病房就在妻子工作的隔壁，但是因为防护服紧张，而过去看望要穿防护服，这位妻子，硬是连续一周都忍着没过去看望自己的丈夫，就是舍不得浪费一件防护服！

这场疫情，像是一个放大镜，通过它，我们发现：这世上，好人是真的好，坏人是真的坏，蠢人是真的蠢，善良的人是真的很善良。谢谢你们，善良的天使们！我们相信，好人一定平安。

防护服虽然是一次性的，但成本比较高，目前在一线还很紧缺，所以医护人员都特别珍惜，不想浪费。每次穿着防护服进入隔离区，在长达四五个甚至七八个小时的时间里，都不能吃饭、喝水和上厕所，不然就会浪费一套。因此不少医护人员都是穿着成人尿不湿连续工作。

一位女医生哭着说，有很多女孩子在生理期的时候，因为穿着防护服不能去厕所，裤子都湿了……

一个记者说，有一次在隔离区，看见一个男医生站着一动不动，自己想过去跟他打个招呼，没想到那个男医生说："别说话，要不我就更尿不出来了……"太多的艰辛，我们外人无法想象。

一位确诊的阿姨，面对一直悉心照顾自己的医生，连声说谢谢，医生却说：不用，这都是我们应该做的。这位阿姨摇摇头——不，这不是你们该做的。

这世上，没有谁，该冲锋陷阵，该英勇无畏，该抛家舍子，该无私奉献。也没有什么，是你们必须做的。

2月10日，同济医院的林正斌医生，因新冠肺炎去世，时年60岁，

117

这是一个悲伤的消息。

林医生是此次抗疫中去世的第 8 位医疗工作者。虽然他们都拼尽了全力，但最终还是倒在了战场。痛惜！他们以文弱之躯，在大战之际，艰难又坚定地当起了我们的保护神。

抗疫中有多少辛苦，不为人知。我也只能写下这一件件的小事，以感恩，以铭记。哪有什么白衣天使，只不过是一些普通人，披上战袍，学着前辈的样子，和死神抢人罢了……千言万语，哽咽在喉。除了一声谢谢，也真不知再说什么好。

最后想写的，是那句经典对白：

"此去欲何？""战病疫，救苍生！""若一去不回？""便一去不回！"

这是你们的宏愿，而我们，只盼你们平安凯旋！[1]

抗击新冠肺炎疫情，是一场新时代中国面临的大考，要想交出满意的答卷，需要全面协调和有效部署。疫情发生后，党中央高度重视，习近平总书记亲自指挥、亲自部署，始终坚持将人民的生命安全和身体健康放在首位，领导全党全军和全国各族人民打响了这场疫情防控的人民战争。

经过近 3 个月的艰难努力，武汉保卫战和湖北保卫战取得了决定性胜利，疫情防控的阻击战取得了重大的战略成果，中国用自己特有的方式，以 14 亿人的齐心努力，向世界交出了一份漂亮的"抗疫答卷"。

整个抗疫过程中，摆在第一位的，始终是人民群众的生命安全和身体健康，习近平总书记多次强调，要全力以赴地救治患者，尽最大可能挽救生命，最大限度地提高治愈率、降低病亡率。疫情暴发后的第一时间，海、陆、空三军医疗队火速出征，全国有 340 多支医疗队、4.2 万多名医务人员奔赴一线，与死神抢人，顷刻间，在武汉，集结了约占全国十分之一的重症医护力量。这些白衣战士，以"疫情不退，我们不走"的誓言以命护命，万家灯火中，他们再次把人民的生命高高举过头顶，以忘我的牺牲精神，点亮了百姓焦虑中的希望。

---

[1] "我不敢看医生的朋友圈……"，新浪微博：李月亮，2020 年 2 月 12 日。

新闻中、网络上、朋友圈里，一封封舍生忘死的请战书、一双双比星星还亮的眼眸、一张张勒出印痕的脸庞、一个个累到瘫倒的身影，成了全国人民心里最难忘的瞬间，人们知道，在这场没有硝烟的战场上，是他们用自己的血肉之躯筑起了抵挡新冠肺炎病毒攻击的坚固长城。世间从来没有从天而降的英雄，只有危难时刻挺身而出的凡人。

在4万多名建设者日夜不停地竭力奋战后，用了10天左右的时间，建起了火神山医院，随即雷神山医院开工建设，方舱医院也改建完成开舱收治病人。在不到1个月的时间里，武汉改建了16家方舱医院，改造了86家定点医院，新增的床位超过6万多张，这个床位数，相当于新增加了60多家三级医院。

基于前期医疗物资的短缺，高喊"战疫需要，我们就造"的医疗物资企业快速复工，怀着"人民需要什么，我们就造什么"情怀的诸多企业先后跨行转产，口罩、防护服及消毒液等医疗物资源源不断地产出，又源源不断地被送往一线——

在这场战役中，兵"桂"神速、竭"晋"全力、力"皖"狂澜、"湘"互扶持、鼓足"赣"劲、"粤"来越好——全国上下一心，各地携手发力，对湖北重灾区进行对口帮扶甚至是"搬家式"的支援；所有患者的治疗费用，均由政府实行兜底负担；抗疫医护人员和工作人员各类补助足额发放。无论是怀胎七月的孕妇，还是呱呱坠地的婴儿，或是垂暮之年的孤寡老人，以及生活困难的残障人员，中国都不曾放弃过任何一个生命，应救则救、应治则治、应保则保。截至3月21日，全国各级财政用以疫情防控的投入支出已达1218亿元——

这是以生命至上为理念，用中国精神书写出来的抗疫答卷。

抗疫，是一场不同以往的战争，既需要勇气，更需要智慧。封闭一个有千万人口的大城市，对于任何一个国家来说，都不是一件容易的事，存在极大的风险和挑战。但为了及时而有效地遏制住疫情的蔓延，对全国人民乃至世界人民的健康负责，中国政府以巨大的政治勇气和决断力，毅然采取悲壮的"封城"之举，因为只有打赢武汉保卫战，湖北战场和全国战场才能有转机。抗疫，需要科学防治、精准施策。1月底，武汉的病例数量呈"井喷"之势，医疗资源供给严重不足，急需增加床位，矛盾凸显；1月27日，中央派出的指导组进驻武汉，指导协调解决这一突出矛盾。随即武汉建立了大型的方舱医院、火神山和雷神山医院，现有医院在改造的同时，530多个宾馆、培训中心及疗养机构被征用作为隔离点，扩容的床位接近11万张，极大程度缓解了床位不足的紧张局面。

不仅如此，中国在提高救治的效率上也创新性地采用了"五个结合"的救治模式，即基础医学与临床实践相结合、中医药与西医药相结合、医疗与护理相结合、前方临床救治与后方多学科支持相结合、医疗与管理相结合，一边治疗、一边总结、一边探索、一边完善，一步步地提升治疗的针对性和有效性。国家卫健委主任及党组书记马晓伟曾说，在总结临床救治的经验后发现，新冠肺炎重症的主要特征之一就是隐匿而且难以纠正的缺氧，于是他们及时调整相关的治疗策略，推行"插管小分队"及"护肝小分队"的做法，让患者尽早接受有创呼吸支持，牢牢守住由轻症转入重症的关卡。在抗击疫情的过程中，中国引入中医疗法和中药，取得了不错的成效，如由国家中医医疗队负责的武汉江夏方舱医院，500多名患者服用中医汤剂，同时结合按摩、针灸治疗及太极拳、八段锦的调养后，实现了"零转重、零死亡、零感染"的可喜效果。

其成功经验被推广至全国，中医药开始大规模介入治疗，对防止轻症向重症转变、降低病例数、阻断全国的疫情蔓延都起到了关键性的作用。张伯礼院士介绍，采用中西医结合救治，是中国此次生命救治方案中的亮点，筛选出的"三药三方"等药方为全国各地超过7.4万名的确诊患者提供了帮助，有效率达到了90%以上。

在中国和世界卫生组织关于新型冠状病毒性肺炎的联合考察报告中，对于此次中国的抗疫举措，给出的评价是，面对这种新型的病毒，中国采取了历史上"最勇敢、最灵活、最积极的防控措施"，时任世卫组织总干事的谭德塞曾动情地说，在其一生中，都"从未见过这样的动员"。

由于新冠病毒性肺炎的肆虐，塞尔维亚总统武契奇在3月15日晚，宣布国家进入紧急状态，在当天的新闻发布会上，这位总统眼含热泪说，当前唯一能帮助塞尔维亚的国家就是中国。

危难之际见真情。几天后，中国援助塞尔维亚的抗疫医疗专家组到达塞尔维亚首都，随机抵达的还有中国政府捐赠的医疗物资。后来，武契奇动情地说，中国医疗专家组在塞尔维亚坚守的 6 周里，"几乎走遍了所有出现病例的城市"，因为他们的到来，"使塞尔维亚人觉得自己不再孤单"。这是中国向朋友送出的温暖。

道不远人，人无异国。在新冠肺炎疫情发生之初，中方就在第一时间向世卫组织报告了疫情，并向世界各国分享了自己发现的新冠病毒的基因序列，同时建立了疫情信息定期沟通机制。

风雨同舟，大道不孤。在海外疫情疯狂肆虐之时，中国秉持着人类命运共同体的理念，尽己所能地向国际社会伸出援手，同世界各国人民患难与共、守望相助。在网络上设立疫情防控知识中心、公开中国的诊疗方案和防控方案、设立国际抗疫合作的专项资金、向诸多国家和国际组织提供必要的医疗物资援助，同时支持发展中国家进行疫情防控及卫生体系建设——

青山一道同云雨，明月何曾是两乡。在这场蔓延全球的疫情面前，中国秉持着人类命运共同体的理念，正同国际社会一道同舟共济、携手并肩，坚决地同危害人类生命与健康的强敌作战。我们有理由相信，携起手来的人们，将迸发出无穷的能量，开创出人类发展更加美好的明天。①

教学目标：

1. 通过回顾这一场战役中的各群体国家表现，让学生认识到国家力量对于每个人生活的重要意义，增强对国家的认同感和自豪感。

2. 通过走进这些抗疫者的内心世界，帮助大学生树立青年人的使命感

---

① 以上资料来自：中国用艰苦卓绝的努力书写"抗疫答卷"，新华社，2020 年 5 月 17 日。

和责任担当精神。

3. 通过了解这些为中国抗疫做出贡献的普通人的事迹，增强大学生对为国为民奉献者的崇敬之情。

本案例适用于"绪论"之一"我们处在中国特色社会主义新时代"、之二"时代新人要以民族复兴为己任"、第三章"弘扬中国精神"第一节"中国精神是兴国强国之魂"之一"重精神是中华民族的优秀传统"、第五章"明大德守公德严私德"第三节"遵守公民道德准则"之三"职业道德"、第六章"尊法守法学法用法"第三节"建设中国特色社会主义法治体系"之一"建设中国特色社会主义法治体系的重大意义"的教学使用。

精神价值分析：

1. 抗疫，展现了中国人民的强大力量。团结，始终是中国的民族精神，历史上但凡九州同心，都会呈现出当时帝国的辉煌和荣耀。在爱国主义和伟大的民族精神鼓舞下，面对突如其来的疫情，全党、全军、全国各族人民上下同心，14亿人令行禁止、严防死守，以高度的组织性、纪律性构筑起了众志成城的严密防线，在抗击疫情的过程中展现了强大的行动力，展示了中国在新时代所蕴藏的磅礴伟力。中国人民在此次战役中所展现出来的中国力量，被世界卫生组织和各国高度认可。国际社会普遍认为，中国所采取的防控措施坚决有力，体现出中国政府出色的领导力、应对力、组织动员力及贯彻执行力，为世界其他国家和地区的防疫树立了典范。在大灾面前，全国人民生活有序，社会稳定协调，并且能够迅速恢复生产和发展，这是一个了不起的成绩，充分展现了中国政府和人民的强大力量。

2. 抗疫，体现了党的坚强领导。在应对疫情带来的风险挑战中，党中央集中统一的领导和果断的决策起了非常关键的作用。从疫情发生后的高度重视和迅速部署，到之后的全面领导和协调部署，都体现了党在抗击疫情的战略主动性。作为党中央的核心，习近平总书记心系人民群众的安危，时刻关注疫情的形势，亲自指挥、部署和推动疫情防控工作，极大地稳定了党心和民心，广大党员冲锋在前，下沉一线，在党的指挥中枢的带领和号召下，表现出了高度的政治觉悟和政治担当，发挥了良好的先锋作用，极大地增强了全国人民战胜疫情的信心，成为14亿人携手抗疫的中坚力量。回望历史，从深重苦难中诞生的中国共产党，一直在应对风险和挑战中成长及壮大，无论是革命时代，还是建设时期，或是在当前的新时代，中国在走向现代化过程中所取得的历史性成就，无一不与中国共产党的坚强领导有关，这个人民政党，无论时代如何变化，为人民谋福利、为民族谋复兴的初心和使命从来没有改变过，是凝聚亿万人民力量，实现中国梦的坚强核心。

3. 抗疫，证明了中国的制度优势。突如其来的疫情，如何进行有效防控，对于一个正值春运人员流动高峰期的大国来说，最考验的是其政治的影响力和组织动员力，其背后是一个国家的制度支撑，坚持全国一盘棋，通过调动各方资源来集中力量办大事，是中国特色社会主义制度的一大特点，也是其显著的优势。在党中央的统一号令下，一方有难、八方支援，全国各地集中人力、物力和财力共同投入抗疫斗争，在物资上、财政上、人员上、交通上、法律上及科研上等各方面给予抗疫充分的保障，先后打响武汉保卫战、湖北保卫战、河北保卫战等，通过精准防控，有效地阻击了疫情在全国蔓延，显示出了坚定的必胜信念和强大的精神力量。实践证明，中国特色社会主义制度有着强大的生命力和巨大的优越性，是我们在此次抗疫中的可靠保障，更是我们党带领全国人民在历次挑战中攻坚克难、战胜重大风险的重要法宝。

4. 抗疫，检验了中国发展的综合实力。在疫情暴发之初，医疗物资一度告急，救治一线后勤无法保障，百姓的生活物资供应也一度紧张。党中央统一指挥，果断地对重要物资实行临时征用，通过国家统一调度和安排，交通运输的"绿色通道"建立起来，保障重点地区的医用物资和生活物资持续不断地供应，其他地区和群众的生活物资供应也得到保障。在这样一场大灾面前，在全国突然按下"暂停键"的时候，能够做到医疗救助跟得上、民生各种所需物资供应不中断，是一件很不容易的事情，中国能够做到，是因为有新中国成立 70 多年以及改革开放 40 多年尤其是党的十八大以来发展所积累的雄厚物质基础，以及强大的工业生产能力，这种物质基础和生产能力在共产党坚强的领导和社会主义制度下，瞬间就能形成强大的资源动员及调配运输能力。

5. 抗疫，见证了普通民众的英勇。打赢疫情防控的阻击战，最为根本和主要的力量来自亿万人民群众。抗疫之初，各地医护力量迅速集结，出征支援武汉和湖北，4 万多名医护，穿上白衣，逆行而上，与湖北的医护人员日夜奋战，救死扶伤，这是医者仁心的英勇；哪里有危险，哪里就有人民的子弟兵，解放军闻令而动，军医冲锋在前，敢打硬仗，这是"国有召，召必回，战必胜"的军人品格；不惧风雨，日夜守护，这是忠于职守，将人民群众生命财产安全看得高于一切的公安民警的本色；任劳任怨，细致服务，不遗漏一户，不遗漏一人，这是社区工作人员的奉献与付出；更有许许多多的志愿者，他们用自己的真诚，以特有的平凡的奉献方式，诠释着中国社会的人间大爱。在这些英勇无畏的群体中，我们看到了外卖小哥、看到了饭馆厨师、看到了学校教师、看到了出租车司机，也看到了打工人，还看到了值守的村民，正是广大人民群众联防联控、团结奋战，抗击疫情的磅礴力量才会形成，这是最深厚的群众基础，也是战胜疫情最强大的中国力量。[1]

教学融入设计：

1. 在绪论"新时代"的介绍里，让学生思考新的历史条件是什么样的历史条件？有什么样的机遇和挑战？联系疫情探讨新时代中国面临的国际环境中存在的风险有哪些。然后结合中国和国际社会抗击疫情的行动，让学生总结和概括中国在这次全球抗疫中为解决人类问题贡献了什么样的中国智慧和中国方案。

2. 在"以民族复兴为己任"的内容中，通过让学生了解和回顾这次抗

---

[1] 以上资料来自求是网，2020 年 3 月 8 日。

击疫情者的表现，来阐述青年人以民族复兴为己任的几种突出表现。

3. 在"中国精神"的当代表现中，让学生总结在这场抗击疫情的过程中，有什么样的中国精神呈现，这些表现与古代和近代的民族精神有什么相同点和不同点。

4. 在"职业道德"一讲中，让学生讲述经历这场抗击疫情的战役后，对于哪一种职业有了新的认识，对于职业道德有什么样的新感受。

5. 在依法治国的章节中，讲授完法治的作用后，让学生思考在这场抗击疫情的战役中，党中央和国务院为什么要提出并强调"依法抗疫、依法行政"？

问题拓展探究：

1. 在这场抗击疫情的战役中，你印象最深的是什么人？什么事？

2. 你在这场战役中做了些什么？如果让你选择，你还会做什么？

3. 你觉得中国在抗击疫情的过程中，有哪些让你钦佩的大举措？还有哪些是可以改进的？

相关资料推荐：

1. 14亿中国人的战疫之路，新华社，2020年4月8日。

2. 中国用艰苦卓绝的努力书写"抗疫答卷"，新华社，2020年5月17日。

3. "我不敢看医生的朋友圈……"，新浪微博：李月亮，2020年2月12日。

案例20：共和国勋章及国家荣誉称号获得者
——祖国不会忘记你

案例呈现：

依据2015年12月通过的《国家勋章和国家荣誉称号法》的规定，对于在中国特色社会主义的建设中及保卫国家的过程中做出巨大贡献并建立卓越功勋的杰出人士，以及在各行业、各领域中为国家做出重大贡献并享有崇高声誉的杰出人士，由全国人民代表大会来决定，授予其共和国勋章和国家荣誉称号，最后由中华人民共和国主席向共和国勋章获得者授予国家勋章，向国家荣誉称号获得者授予国家荣誉称号的奖章，并签发证书。此项荣誉是中华人民共和国授予的最高荣誉，于2016年1月1日正式设立，与其同时设立的还有国家功勋簿，以记载这些国家勋章和国家荣誉称号获得者的名录及其功绩。

2019年9月17日，根据国家主席习近平签署的主席令，授予于敏、申纪兰（女）、孙家栋、李延年、张富清、袁隆平、黄旭华、屠呦呦（女）8位杰出人士"共和国勋章"，授予叶培建等28人国家荣誉称号。9月29日上午颁授仪式在人民大会堂隆重举行，习近平主席亲自向这些获得者颁授勋章和奖章。

2020年8月11日，根据国家主席习近平签署的主席令，授予钟南山"共和国勋章"，授予张伯礼、张定宇、陈薇三人"人民英雄"国家荣誉称

<<< 第一部分：立志养德

号，在9月8日人民大会堂隆重举行的全国抗击新冠肺炎疫情表彰大会上，习主席亲自为他们颁授勋章和奖章。

共和国勋章获得者：

于敏，著名的核物理学家，长期主持并参加我国核武器的理论研究和设计工作，填补了中国在原子核理论上的空白，为中国的氢弹突破做出了卓越贡献，曾荣获"两弹一星"功勋奖章，国家最高科学技术奖以及"全国劳动模范""改革先锋"等荣誉称号。

申纪兰，新中国建立以来，积极维护妇女的劳动权利，倡导并推动将"男女同工同酬"写入宪法，为推动老区的经济建设和脱贫攻坚做出了巨大贡献，曾荣获"全国劳动模范""全国优秀共产党员""全国脱贫攻坚'奋进奖'""改革先锋"等荣誉称号。

孙家栋，我国人造卫星技术及深空探测技术的开创者之一，曾作为月球探测一期工程的总设计师，为我国在卫星基本技术、返回技术、地球静止轨道卫星发射和定点技术、导航卫星组网技术以及深空探测基本技术方面实现突破做出了卓越贡献，曾荣获"两弹一星"功勋奖章、国家最高科学技术奖、国家科学技术进步特等奖、"全国优秀共产党员""改革先锋"等荣誉称号。

李延年，先后参加解放战争、湘西剿匪以及抗美援朝和对越自卫反击战，为建立和保卫新中国做出了重大贡献，离休后不改初心、不减斗志、不变本色，曾荣立一次特等功，获"一级英雄"称号及解放奖章、胜利功勋等荣誉。

张富清，解放战争中英勇杀敌，视死如归，荣立多次战功，解放后，主动要求到贫困山区，60多年来，深藏功名，埋头工作，淡泊名利，曾荣立一次特等功，三次一等功，一次二等功，两次获"战斗英雄"称号。

袁隆平，杂交水稻领域的领军人物，一生致力于研究、应用与推广杂交水稻技术，发明了"三系法"籼型杂交水稻，研究出"两系法"杂交水稻，建立了超级杂交稻的技术体系，为我国的粮食安全和农业科学发展以及世界的粮食供给做出了杰出贡献，曾荣获国家最高科学技术奖和国家科学技术进步特等奖以及"改革先锋"等荣誉称号。

黄旭华，中国核潜艇之父，长期从事核潜艇的研制工作，是中国第一代攻击型核潜艇及战略导弹核潜艇的总设计师，隐姓埋名几十年，开拓了中国核潜艇的研制领域，为中国的核潜艇研制及跨越式发展做出了卓越贡献，曾获国家科学技术进步特等奖、"全国先进工作者""感动中国十大人物"及"全国道德模范敬业奉献奖"等荣誉称号。

屠呦呦，长期致力于中医药的研究与实践，带领团队发现了青蒿素，解决了医学上抗疟治疗失效的难题，为中医药的科技创新及人类的健康事业做出了巨大贡献，曾获国家最高科学技术奖、诺贝尔医学奖、"全国优秀共产党员""全国先进工作者""改革先锋"等荣誉称号。

钟南山，中国呼吸疾病研究专家及该领域的领军人物，长期致力于研究、预防和治疗重大呼吸道传染病以及慢性呼吸系统疾病，在非典型肺炎及新冠肺炎疫情的防控中敢医敢言，勇于担当，提出的防控策略和措施挽救了无数人的生命，为保卫人民的生命健康做出了巨大贡献，曾荣获"国家级有突出贡献专家""全国卫生系统模范工作者""全国先进工作者""感动中国十大人物""改革先锋"等荣誉称号和全国五一劳动奖章及白求恩奖章。

国家荣誉称号获得者：

于漪——"人民教育家"，长期从事中学语文教学工作，推动将"人文性"写入全国的《语文课程标准》，主张将教育思想和教学实践实行同步创新，为推动全国的基础教育改革和发展做出了突出贡献。

卫兴华——"人民教育家"，长期从事《资本论》的学术研究，为马克思主义政治经济学的中国化做出了重要贡献，主编了影响较大的《政治经济学原理》教材，所提出的商品经济论及生产力多要素论等观点，在经济学界影响广泛。

王蒙——"人民艺术家"，创作了《青春万岁》《组织部新来的青年人》及《活动变人形》和《这边风景》等多部具有代表性和开拓意义的作品，被译成二十多种文字在国际出版，发掘并培养了一大批优秀的青年作家，为中国当代文学的繁荣发展做出了突出贡献。

王文教——"人民楷模"，新中国成立之初从印尼回国，多次在全国羽毛球比赛中荣获冠军，退役后在执教中国羽毛球队期间，该队获得1982年、1986年、1988年和1990年的汤姆斯杯团体赛的冠军，培养出56个世界单项冠军，被国际羽联授予"终身成就奖"。

王有德——"人民楷模"，带领职工推进防沙治沙，营造了60万亩的防风固沙林，有效地阻止了毛乌素沙漠的南移和西扩，其探索出的"宽林带、多网络、多树种、高密度、乔灌混交"的综合防沙治沙模式，为全国提供了宝贵经验。

王启民——"人民楷模"，研究并提出"分阶段多次布井开发调整"的油田开发理论，其中所包含的技术突破了普遍认为不能开采的禁区，主持的相关研究项目，为大庆油田顺利实现27年高产高效持续开发5000万吨以上目标做出重要贡献。

王继才——"人民楷模"，三十二年如一日守卫开山岛，修营房，建哨所，巡海岛，护航标，与走私、偷渡等不法分子斗争，把美好青春年华奉献给中国的海防事业，为国戍海，有力地捍卫了国家利益。

艾热提·马木提——"人民英雄"，从警的27年中，始终战斗在反恐处突的基层一线，为维护人民生命财产和社会稳定始终冲锋在前，义无反顾，在搜捕公安部A级逃犯时遇到自杀式爆炸的袭击，壮烈牺牲。

布茹玛汗·毛勒朵——"人民楷模"，长期扎根于边疆，在平均海拔超过4000米的冬古拉玛边防线上巡边护边，积极宣传爱国护边工作，五十多年如一日，无怨无悔、默默无闻地，将自己的青春年华奉献给了祖国的守边事业。

叶培建——"人民科学家"，嫦娥一号的总设计师兼总指挥，也是嫦娥三号探测器系统的首席科学家，还是嫦娥二号、四号和五号试验器的总指挥及总设计师顾问，在嫦娥系列工程重大方案的选择与确定，关键技术的攻关，大型试验的策划与验证以及嫦娥四号首次实现的月背软着陆等方面，发挥了极为重要的作用。

申亮亮——"人民英雄"，在主战装备、运输车、瞄杆钻车及挖掘装载机等装备的操作上，极为熟练和精通，作为"一专多能"型骨干人才入选集团军"百名专业技术能手"人才库，在赴马里执行维和任务的过程中，遭遇恐怖袭击，因保护战友而牺牲，被评为烈士，追记一等功。

朱彦夫——"人民楷模"，曾在抗美援朝的战场上失去四肢和左眼，3次荣立战功，之后将自己的抚恤金用以建图书室和办夜校，带领乡村群众脱贫致富，并历时7年，创作出自传体长篇小说《极限人生》《男儿无悔》。

麦贤得——"人民英雄"，曾在一场战役中头部被炮弹片击中，后凭借惊人的意志和过硬的本领，在舰艇上多台机器中几十条管路的几百个螺丝里，成功找到只有拇指大般被震松的油阀螺丝，排除了故障，确保了机器的正常运转和舰艇的安全，被誉为"钢铁战士"。

李保国——"人民楷模"，奋战在科技兴农和教书育人的第一线，取得研究成果28项，培育出了16个山区开发治理的先进典型，带动山区农民增收达58.5亿元，使邢台前南峪的森林覆盖率和植被覆盖率达到90%以上。

李道豫——"外交工作杰出贡献者"，长期从事外交工作，曾在我国多个重大外交问题的决策和处理上深度参与，巧做工作，善于斗争，稳妥处理了多个重大而复杂的敏感问题，提升了我国的国际话语权，坚定地捍卫了国家利益。

吴文俊——"人民科学家"，对我国数学核心领域——拓扑学做出重大贡献，开创了数学机械化的新领域，用算法的观点分析了中国古算，并提出用计算机来自动证明几何定理，该方法被证明为有效，被国际上称为"吴方法"，对国际数学与人工智能的研究影响深远。

张超——"人民英雄"，自加入舰载机部队后，在极短时间内就掌握了舰载战斗机的操纵特点和舰载飞行的基本要领，2016年4月，在执行任务时遭遇空中险情，果断处置，为保住战机而被迫跳伞，壮烈牺牲。

南仁东——"人民科学家"，潜心天文研究，坚持自主创新，提出了

500米口径球面射电望远镜（FAST）的工程概念，主张利用贵州的喀斯特洼地作为望远镜的台址，从论证立项一直到选址建设，共历时22年，同时主持攻克了一系列的技术难题，为FAST重大工程的顺利落成发挥了关键作用。

秦怡——"人民艺术家"，坚持文艺为社会主义服务，文艺要以人民为中心的创作导向，曾主演《铁道游击队》《青春之歌》及《女篮五号》等30多部影片，塑造了诸多脍炙人口的艺术形象。

都贵玛——"人民楷模"，20世纪60年代初，19岁的都贵玛，主动承担了28名上海孤儿的养育重任，一坚持，就是半个多世纪，用真情付出诠释了大爱无疆，在促进民族团结进步方面做出了重大贡献，后又通过自学蒙医蒙药以及妇产科知识，挽救了几十位年轻母亲的生命。

热地——"民族团结杰出贡献者"，先后配合6位自治区的党委书记工作，积极维护班子的团结和主要领导同志的威信，参与了西藏各项重大发展决策的研究和实施，为西藏的和谐稳定和民生改善倾注了大量的心血，付出了巨大的努力。

顾方舟——"人民科学家"，我国脊髓灰质炎疫苗的研发者，所研发的脊髓灰质炎疫苗——"糖丸"呵护了几代中国人的生命健康，让中国步入无脊髓灰质炎的时代。

高铭暄——"人民教育家"，新中国刑法学的主要奠基者与开拓者，是唯一一位全程参与新中国首部刑法制定的学者，也是新中国第一位刑法学的博士生导师，还是第一部刑法学统编教科书的主编者，为我国刑法学领域的人才培养及科学研究做出了重大贡献。

高德荣——"人民楷模"，少数民族脱贫攻坚的带头人，科学制定了独龙江的发展战略，培育了具有民族特色的产业群，为当地的经济和社会实现跨越式发展做出了贡献。退休后，继续服务但能够地农民，想方设法打通了独龙江与山外的公路，实现了独龙族的整族脱贫。

郭兰英——"人民艺术家"，为我国民族歌剧表演体系的建立及民族演唱艺术的发展做出了开拓性的贡献，塑造了多个舞台艺术形象，演唱了多首脍炙人口的歌曲，如《我的祖国》《南泥湾》，以及《人说山西好风光》《八月十五月儿明》等。

董建华——"一国两制"杰出贡献者，为"一国两制"方针及《中华人民共和国香港特别行政区基本法》的贯彻和落实做出了重要贡献，带领特区政府及香港的各界人士，成功地抵御了亚洲金融危机，应对了诸多外部经济环境的变化，克服了"非典"疫情带来的种种困难，妥善地处理了诸多复杂的社会政治及经济问题，维护了香港的整体利益和国家的主权，为香港的顺利回归与平稳过渡以及"一国两制"的成功实践做出了重大的历史性贡献。

程开甲——"人民科学家"，我国核武器事业的开拓者，以及核试验科学技术体系的创建者之一，参与和主持了中国首次原子弹、氢弹及"两弹"结合飞行的多次试验，为建立中国特色的核试验科学技术体系，构筑改革开放的安全屏障，推进我国的科技强国事业做出了杰出贡献，曾获"八一勋章""两弹一星"功勋奖章、国家最高科学技术奖及"改革先锋"荣誉称号。

樊锦诗——"文物保护杰出贡献者"，长期扎根于大漠，致力于石窟考古研究，完成了对敦煌莫高窟相关洞窟的分期断代，率先展开关于文物保护的专项法规及规划建设，探索形成了对石窟进行科学保护的一套理论与方法，为敦煌莫高窟的永久保存和永续利用做出了重大贡献。[1]

张伯礼——"人民英雄"，长期致力于心脑血管疾病的防治以及中医药的现代化研究，建立了中医药循证评价的系列方法，开拓了中成药二次开发的研究领域。在2020年抗击新型冠状病毒性肺炎的过程中，指导中医药全程介入救治，探索出的中西医结合疗法效果明显，为推动中医药事业的传承、创新与发展做出了重大贡献。

张定宇——"人民英雄"，扎根医疗一线的杰出代表，自己虽身患渐冻症，但在大灾大难面前，以人民生命健康至上的信念，以医者仁心的情

---

[1] 以上资料来自人民日报，2019年9月18日。

怀和品质义无反顾，冲锋在前，为打赢武汉保卫战和湖北保卫战做出了重大贡献。

陈薇——"人民英雄"，长期从事生物危害的防控研究，在抗击非典时期，研制出了我军首个SARS预防生物新药——"重组人干扰素ω"，在汶川抗震救灾和抗击埃博拉疫情中，以军人的责任感和使命感率团队攻坚克难，突破了诸多世界性难题，在生物病毒的基础性研究和疫苗防护药物的研发方面取得了重大成果，为2020年中国的新冠疫情防控做出了重大贡献。

"友谊勋章"获得者：

劳尔·卡斯特罗·鲁斯，古巴籍，中古关系的重要奠基人和积极倡导推动者，确立了对华关系是古巴外交优先发展的基本方向，并坚定地致力于发扬古中友谊，在重大问题上坚定地支持中国，高度地认同习近平总书记所提出的构建人类命运共同体的倡议，强调在维护国际和平与稳定、促进世界共同发展方面，中国所扮演的关键性和建设性角色，对中国在国际和地区事务中发挥的作用表示坚定地支持。

玛哈扎克里·诗琳通，泰国籍，曾前后访华48次，对中国进行广泛、全面而深入地了解，积极推广中国的传统文化，传播中泰之间的友好关系，在涉及中方重大利益的问题上坚定地支持中国，并在中国遭受汶川、玉树地震等重大自然灾害后第一时间伸出援手，为中泰关系的发展做出了不可取代的杰出贡献。

萨利姆·艾哈迈德·萨利姆，坦桑尼亚籍，非洲知名外交家，高度赞赏和支持中国在维护非洲的和平与发展进程中所发挥的作用和贡献，对巩固和促进中坦及中非的友好合作，以及恢复我国在联合国的合法席位做出了杰出贡献。

加林娜·维尼阿米诺夫娜·库利科娃，俄罗斯籍，著名汉学家，致力于推动和发展俄中友好关系，根据自己的亲身经历撰写了《俄罗斯和中国：民间外交》，通过大量翔实的图文资料来记录和反映两国人民70年的交往历史和友好关系，为推动中苏（俄）的民间外交做出了杰出贡献。

让—皮埃尔·拉法兰，法国籍，长期致力于中法友好关系的巩固和中法全方位合作的推进，大力支持和推动中国提出的"一带一路"建设，利用各种场合及平台宣传介绍中国，与夫人合著有《中国的启示》一书，积极地推动世界和平与发展事业。

伊莎白·柯鲁克，加拿大籍，国务院批首批认定的"外国老专家"，生于成都，见证并经历了中国的抗日战争、解放战争及新中国成立等多个重要的历史时期。1947 年，写成《十里店——中国一个村庄的革命》一书，报道了中国解放区的土改运动，1948 年开始在北京外国语大学任教，为新中国培养了大批外语人才，为中国的教育事业及对外友好交流做出了杰出贡献。

英模事迹选送：

于敏："国家需要我，我一定全力以赴"

"离乱中寻觅一张安静的书桌，未曾向洋已砺就锋锷。受命之日，寝不安席，当年吴钩，申城淬火，十月出塞，大器初成。一句嘱托，许下一生；一声巨响，惊诧世界；一个名字，隐形近30载。"

以上是于敏在获得2014 年"感动中国十大人物"时，评选委员会给予他的颁奖词。新中国成立后，正是这位没有任何留学经历算是土生土长的科学家，极大地推动了中国的国防科技视野的发展，为中国在世界上赢得了尊严，被誉为"中国氢弹之父"。于敏在1951 年至1965 年这个新中国建设最为艰难的起步时期，一直坚守在中国的原子能院（所），从事核理论及核武器理论的研究，为国家呕心沥血，隐姓埋名了几十年，2019 年逝世于北京，享年93 岁。同年被授予中国最高荣誉——共和国勋章。

这位改革先锋和中国国防科技事业的拓荒者，虽然名字不为外界所熟知，但他的功绩和精神不能被埋没。那是在新中国刚成立的头几年，于敏在钱三强所长领导的近代物理所里开始了自己的科研生涯，与合作者提出的原子核的相关结构模型，填补了我国在原子核理论方面的空白，正当他们斗志昂扬地准备进行下一步的原子核理论研究时，1961 年，所长钱三强找到于敏，希望他转向氢弹理论的研究。

在二十世纪的六十年代，氢弹技术作为最高机密，被各个核大国严密封锁，中国要搞氢弹研究，只能是白手起家，自己摸索。因为工作极为特殊，在28年的时间里，尽管成就突出，贡献巨大，但他的名字始终是作为绝密信息而无法被外界知道，一直到1988年解密，其妻子才知道自己的丈夫，原来搞的是"这么高级的秘密工作"。

默默无闻的付出，带来的是中国的飞速进步：从第一颗原子弹的爆炸到第一颗氢弹的试验成功，这一过程，美国用了7年零3个月，而中国，则用了2年零8个月的时间，中国闪电一般的进步，被西方认为是不可思议的神话。

而这种巨大成功的背后，付出的往往是令人难以想象的艰辛，当时全国仅有一台每秒可计算万次的计算机，而这台唯一的计算机，95%的时间要用来算原子弹，剩下的5%才留给氢弹。1965年的9月到11月，39岁的于敏带领着科研团队经过一百多个日夜的艰难论证和计算，在算盘的帮助下，在堆积如山的计算纸带中，终于找到了一套从原理到材料再到构型都比较完整和满意的物理方案，实现了氢弹原理的重大突破，而这次异常辛苦的攻坚，就是中国核武器研究史上赫赫有名的"百日会战"。

1967年的6月17日，当中国的第一颗氢弹成功被空投爆炸，各项数据证明其爆炸威力与于敏计算的结果完全一致时，一直守候在电话旁的于敏，没有过于激动，选择了回家睡觉，那一次，"睡得很踏实"。

面对成功坦然自若的他，其实并不是什么都云淡风轻，什么都无所谓。1971年，在青海的核武器研制基地，由于某项试验未能达到预期的效果，而被军管会批判为"理论长期脱离实际"，当时任理论部副主任的于敏，通过分析认为，实验之所以失败纯粹是技术问题，而非政治问题，并从模型到原理提出了自己的修改意见。

但这种举动，被当成违背军管会基调的反动意见而遭遇讨伐，在越来越严厉的威逼胁迫下，于敏本可以顺从军管会的意思，但他始终认为，对方的批判理由并不符合科学规律，接受他们的批判，会对不起真理，经不住历史的考验，一向温和的于敏据理力争，最后终于按照于敏提出的改进建议对实验进行了技术上的修正，实验取得了成功。

1984年12月，新疆的核试验基地，气温低至零下三四十度，早上刷牙时，拖鞋都会被冻住，实验的压力让所有的参试人员都备受煎熬，在一次讨论会上，有同事忽然吟诵起了诸葛亮的《出师表》，大家都有所触动，于是你一言我一语地接了下去，最后，于敏吟诵着"夫难平者事也！——臣鞠躬尽瘁，死而后已——"众人已是泪流满面。

正是这种鞠躬尽瘁、死而后已的态度和情怀，让他们在严酷的环境条件下，取得了那次实验的成功，也为我国的中子弹技术奠定了坚实的基础。

1999年，于敏被授予"两弹一星"功勋奖章，可他说，这是集体的功劳。

面对"氢弹之父"的盛誉，他说，核武器事业是一个庞大的系统工程，是在党中央和国务院以及中央军委正确领导下，全国的各兄弟单位大力协同才完成的大事业，一个人的名字早晚是要没有的，只要能把自己微薄的力量融到祖国强盛进程中去，便"足以自慰了"。

这个受命于危难之间，应国家需要而全力以赴，与核共舞半世纪，干着惊天动地伟业的人，就以这样的坦然与淡定"隐形"了28年。[①]

黄旭华：终生报国不言悔

作为我国第一代攻击型核潜艇以及战略导弹核潜艇的总设计师，黄旭华有着花白的头发、和蔼的笑容及温和的言语，朴实无华的外表下，是他心系祖国，奉献国防的雄心壮志以及"惊涛骇浪"般的伟大功勋。

出生于1926年的黄旭华，少年经历了抗日烽火的洗礼，看着饱受日本飞机轰炸的家乡，这位少年心里暗暗立下了报国之志。

当他高中毕业同时收到中央大学航空系及上海交通大学造船系的录取通知时，在海边长大的黄旭华最后选择了造船。

新中国在建立之初，因为不断地遭受到掌握核垄断技术的超级大国施

[①] 以上资料来自中国新闻网，2019年10月1日。

加的核威慑，不得已决定自主研制核潜艇，遂四处寻找和组织人才，造船系出身的黄旭华有幸加入这一研制团队，成为核心人员之一。

在执行任务之前，黄旭华回了一趟阔别许久的老家，已年迈的母亲再三嘱咐他，要他等工作稳定了，就常回家来看看，没想到，这一别就是30年的光阴。不仅没有见到他的面，连他在做什么，母亲和家人都不知道，而他的父亲直到去世，也没有能够再见他一面。直到1986年，已是两鬓斑白的黄旭华终于回到广东老家，面对93岁高龄的老母亲，他满眼泪水，自古以来，忠孝不能两全，而他也只能用"对国家的忠，就是对父母最大的孝"来自我安慰。

即便如此，这么些年，他究竟在干什么，父母双亲和兄弟姐妹也始终不得而知，直到第二年的1987年，母亲收到一本他寄来的《文汇月刊》，里面有一篇名为《赫赫而无名的人生》的报告文学，在这篇文章里，出现了"他的爱人李世英"的字眼，此时，黄旭华的兄弟姊妹以及母亲才终于知道了他的工作性质。

在他隐姓埋名的岁月中，爱人李世英承担了很大的压力，工作忙时，黄旭华经常是一年有10个月不在家，结婚后的8年中，两人一直处于两地分居状态，在这期间，李世英同样并不清楚自己的丈夫所从事的工作。

研制核潜艇，不是一件容易的事，需要掌握海底核电站和海底导弹发射场以及海底城市建设等尖端技术，是一项复杂的综合工程。在当时，中国的科学家们只了解研究过苏式的仿制潜艇，而潜艇跟核潜艇又不是一回事，存在巨大而本质的区别，他们甚至连核潜艇究竟长什么模样都不知道，毕竟谁都没有见过，更不用说内部结构了，真的是一无所知。但是，黄旭华知道，一旦开始参与研制核潜艇，就将是一辈子的事业。

最开始需要探讨核潜艇的艇体线型，这决定着今后的研制方向，这也是黄旭华碰到的第一个难题。美国在建造同类型的核潜艇时，采用的方法是先建一艘常规动力的水滴型潜艇，再把核动力装到这艘水滴型潜艇上。黄旭华最终选择了直接研制水滴线型核潜艇，因为这是最先进的，当然也是难度最大的。

通过大量水池拖曳和风洞试验，研究人员们取得了丰富的试验数据，可是因为当时还没有计算机，大量的计算只能依靠手工来完成，初期阶段，为获得一个准确数据，研究人员们通常两组人负责一组数字，依靠算盘计算，只有当两组算出的答案相同时，计算才能通过。为此，科研团队的工作人员往往日夜不停地计算，这种艰辛的付出，为艇体方案的可行性论证奠定了坚实的基础。

由于核潜艇的技术极为复杂，相关的配套系统及设备数以万计，为将这些成千上万的设备、仪表及附件合理地布置在舰艇内，黄旭华持续不断地对各种方案进行调整、修改和完善，最终将100多公里长的电缆及管道合理地布置在了舰艇内部，为缩短核潜艇的建造工期打下了坚实的基础。

因为条件的有限，也因为想要得到最可靠的结果，黄旭华和他的团队屡次采用了很"土"的办法来解决一些尖端而复杂的技术问题，如用算盘来计算数据，用秤来进行称重等等。为精益求精，所有的上艇设备都要求过秤，包括安装中剩下的边角余料等，也要一一过秤。在这种严谨到几乎苛刻的工作要求下，经过几年的建造，最终核潜艇下水后的数值，居然能够与设计值几乎吻合……

在这种精益求精的工作推进下，黄旭华率领团队将核动力与水滴艇体一步到位进行结合，成功研制出了我国的水滴型核动力潜艇。

虽然建造成功，但真正的考验却是在水下，而且是深潜，这是核潜艇战斗力的关键所在，所以极限深潜试验，无论是作为对团队前期努力的一项检验，还是后续工作的继续推进，都尤为必要。更为重要的是，该项试验风险极高，美国曾经有一艘核潜艇就是在深潜试验过程中遭遇故障而沉没。大家为此都极为紧张，虽然所有的设备材料都是自己制造，没有一个来自进口，但就怕哪里还有疏忽的地方，毕竟谁都没有绝对的把握。为稳定大家的情绪，也为第一时间能够掌握相关的数据和情况，黄旭华决定亲自上艇，参与试验。

随着下潜深度的增加，大家的神经也越绷越紧，在接近极限深度时，艇体钢板每巴掌大的地方承受的压力就超过一吨，整个长达100多米的艇体，只要有任何一块钢板不合格，或者任何一条焊缝有问题，或是任何一个阀门封闭不严实，都有可能导致艇毁人亡。听着强大的海水压力压迫艇体发出的"咔嗒"声，所有人心都提到了嗓子眼，黄旭华镇定地了解了相关数据后，指挥舰艇继续下潜，直至突破了极限深度。在整个下潜过程中，潜艇的所有设备运转正常，核潜艇的耐压性及系统安全被证明为可靠。黄旭华也因此成为当时世界上亲自下水参与深潜试验的第一位核潜艇总设计师。

就这样，怀着"即使一万年，也要搞出核潜艇"的誓言和豪情，中国人用了不到一代人的时间，就在1970年造出了在各项性能上超越美国1954年的第一艘核潜艇。[1]

教学目标：

1. 通过学习这些共和国勋章及国家荣誉称号获得者的事迹，让学生明白，把祖国装进心里的人，祖国永远不会忘记他，让学生增强爱国之心。

2. 通过对这些英模人物最高规格褒奖的介绍，让学生意识到最应当崇拜的不是光鲜亮丽的娱乐明星，而是这些为民族、为国家献出青春和智慧的科技工作者和普通建设者，让学生树立崇敬英雄的价值观。

3. 通过对这些英模人物成就的介绍以及对中国和整个社会的改变，让学生意识到自己生活水平的提高和改善，来自这些默默无闻的英雄们的付出，增强他们的感恩之心。

4. 通过对历史的回顾和英模们的奉献，在展望未来的同时，激励学生们的报国之志。

本案例适用于"绪论"之二"时代新人要以民族复兴为己任"、第一章"人生的青春之问"第一节"人生观是对人生的总看法"之二"个人与社会的辩证关系"、第一章"人生的青春之问"第三节"创造有意义的人生"之一"辩证对待人生矛盾"、第三章"弘扬中国精神"第二节"爱

---

[1] 以上资料来自《人民日报》2019年10月4日。

国主义及其时代要求"之一"爱国主义的基本内涵"、第五章"明大德守公德严私德"第三节"遵守公民道德准则"之一"社会主义道德的核心和原则"的教学使用。

精神价值分析：

1. 科技之光照亮前路。怀着深厚的爱国主义情怀，科学家们凭借其深厚的学术造诣和宽广的人类视角，为祖国和人民做出了彪炳史册的贡献。他们中的很多人都是干着惊天动地事，做着隐姓埋名人，用自己的毕生所学，照亮着民族发展的道路。在"共和国勋章"获得者当中，许多都是为新中国的科技发展乃至人类的科技进步做出杰出贡献的科学家。如从20世纪70年代开始就引领中国杂交水稻技术革新，解决中国人吃饭问题和世界粮食短缺问题的袁隆平。又如坚持40年，历经100多次实验失败，最终采用低温萃取方法成功提取出青蒿素，帮助无数正在生死线上挣扎的疟疾患者的屠呦呦。还如与病毒共舞半生，在非典和新冠疫情面前，用科技对抗疫情，筑牢中国生物防线的陈薇。科技强则国家强，国家发展、民族复兴的道路，需要科技之光的照耀。

2. 用热血与生命诠释英雄。在"共和国勋章"的获得者中，我们能够看见两位老兵的身影。他们从战火中走来，历经枪林弹雨，为新中国的成立舍生忘死，新中国成立后，不忘初心，一心为民，彰显出了军人的本色和忠诚。

李延年，1945年入伍，先后参加过辽沈战役及平津战役，荣立多次战功。在抗美援朝战争中，在美军发动的"秋季攻势"里，身为连指导员的李延年，与连长刘凤臣一起，带领战士在伤亡惨重的情况下，与兄弟连队作战，先后击溃了美军对346高地的10多次反扑，共毙伤美军636人，成为以少胜多的经典战役，李延年因此被记特等功，被授"一级英雄"称号。1979年的对越自卫反击战，李延年与战士们一起吃苦与战斗，表现出色，荣立了三等功。离休后，积极为部队及社会各界宣讲传统，广做公益，散发出一名老兵身上的光芒。

张富清，原本想默默无名一辈子，却因2018年的退役军人登记，本已"压箱底"的战功证书及奖章被再次打开而意外成为一名"网红"。作为西北野战军的一名老兵，在战争中敢打敢拼，英雄杀敌。永丰一战中，其所在的718团1营一天内换了3个营长，6连一个夜晚换了8个连长，作为突击队长的张富清，先后炸毁了敌人多个碉堡，头皮也被子弹划开，战斗异常惨烈。在此战中，因为表现英勇，张富清荣立一等功，被授予"战斗英雄"的光荣称号，王震为他戴奖章，彭德怀同志曾夸赞他在永丰立下了大功，并说"我把你认准了，你是个好同志"。张富清在战斗岁月里，立特等功一次和一等功三次及二等功一次，并两次荣获"战斗英雄"荣誉称号，在建设时期里，默默奉献，扎根山区，却深藏功与名。他始终认为，那些牺牲的战友们才是真正的英雄和功臣，自己没有什么值得显摆的。流着泪回忆战友推让功绩的样子，深深地刻在了每一个人心中。

在获得国家至高荣誉的名单里，除了两位征战沙场的老兵，还有几位年轻军人的名字，申亮亮和张超，都是"80后"，他们年轻的生命定格在了29岁，战争年代，无数人用自己的热血来保家卫国；和平现代，也有无数的人，用同样的热血，诠释着不同时代的英雄称谓。

3. 默默坚守一方热土。2020年中国将全面建成小康社会，这是中国定下的奋斗目标，小康不小康，关键看老乡，打赢脱贫攻坚战是迈向小康阶段的重要任务。党的政策好，脱贫致富就不能等靠要，幸福是奋斗出来的，所有人都要努力向前跑。在脱贫攻坚的道路上，有许多奋力前行的扎根者，他们是中国迈向小康社会的亲历者，更是带头者。

王有德在毛乌素沙漠边缘的林场防沙治沙，一干就是几十年，在他和林场职工的坚守下，浩瀚的沙漠边缘，筑起了一道绿色屏障，毛乌素沙漠硬生生地被向东推移了20多公里，呈现人进沙退的可喜局面。在治理沙漠的同时，林场职工的年均收入也在不断提升，家家住楼房、户户开小车，生活得到巨大改善，"沙漠绿、场子活、职工富"的奋斗目标终于实现，同时也为全国的防沙治沙提供了宝贵的经验。

高德荣走出大山，但为了给寨子更多的发展机会，又回到山里，被人称为独龙江边的"钉子官"。穷孩子的出身，让他对独龙江乡的苦与困感同身受，让家乡百姓富起来，是他的夙愿。当县长时，修公路，建隧道，四处奔波，任云南省怒江州的人大常委会副主任时，又把办公室搬回到独龙江乡，科学制定了适合当地的发展战略，突出培育出了以水电、矿业及旅游和边贸为主的特色产业群，促进了当地经济社会的跨越式发展。退休后，又跑工地，又进农家，不辞辛劳。

90岁高龄的申纪兰，是荣获"共和国勋章"的两名女性之一，身处石头山和乱石沟的西沟，生态环境相当贫瘠，是太行山的一个国家级贫困县，她大胆创新，带领着当地百姓勤干苦干，大力发展农村集体经济，现在红色乡村休闲旅游发展得红红火火，各地的游客蜂拥而至，老区的经济和老区人民的生活得到极大提升和改善。

新中国在70多年的岁月中，既有为新中国的成立立下功劳的英雄，也有为新中国的强大打下基础的模范，还有为我国的现代化建设和外交事业做出贡献的外国友人。他们只是众多人的代表，见证并参与了新中国从站起来、富起来到强起来的伟大历史飞跃，他们的故事将在共和国的历史上永远传唱，他们的精神和力量将在人民的心里永远激荡。①

教学融入设计：

1. 在绪论"时代新人"的内容中，让学生梳理完时代新人的要求之后，用"为什么要做这样的人？"为主题，探讨每一个时代都有一些需要面对和解决的时代问题，都有不同的国家需要，只有承前启后，将这种国家需求与自己的努力结合起来，才能让国家不断前行，也才能在国家和时代发展中找到自己的位置和角色。

2. 在"中国精神"一讲中，对于"爱国主义"的理解，让学生结合共和国勋章获得者的事迹，选取其中一个谈谈他们的爱国观念和爱国精神，以及对于自己的启示。

---

① 以上资料来自搜狐网，2019年9月18日。

3. 在"人生价值"内容中，让学生以小组为单位选择某一个英模，依据他们的生平和当时的条件，为他们设计多条人生之路，然后比较哪一种选择才是价值最大化的选择，为此付出的代价有哪些。通过这种分析和比较，明白人生的得与失之间的价值分量，明确只有造福人民，服务祖国才能将自己的人生价值最大化。

4. 在人生观的章节中，让学生根据自己经历畅谈如何从"平淡、平凡、普通、寂寞、枯燥"的心理状态中走出来。然后联系英模们的经历让学生在多种自我调整的方法中选择最有意义的一种，使其进一步明白平淡不要紧，平凡也是真，但要让平淡和平凡真的有价值、有意义，摆脱心理困惑的一个重要方法就是找寻到人生的意义和努力的方向。

5. 在"明大德　守公德　严私德"的教学中，以"如何让大德、公德和私德结合起来"为主题讨论来分析这些英模们是如何实现三者的结合的，在这过程中克服了哪些困难，付出了什么样的代价。以此让学生把握这些英模们成功的不容易和精神的难能可贵。

问题拓展探究：

1. 你最钦佩哪一位英模？为什么？

2. 你认为国家为什么要表彰这些人？背后的用意是什么？还有哪些类似的举措？

3. 你认为这些英模身上体现的精神和价值观会延续到你们这一代身上吗？为什么？

相关资料推荐：

1. 国家勋章和国家荣誉称号获得者名单，人民日报，2019年9月29日。

2. 一文全览国家勋章和国家荣誉称号获得者，国防部网站，2019年9月29日。

案例21：间谍就在身边——国家安全，公民责任

案例呈现：

2015年7月1日，在第十二届全国人大常委会的第十五次会议上，《中华人民共和国国家安全法》获得通过，该法对我国的政治、国土和军事、经济、文化及科技等11个领域里的国家安全进行了明确规定，其中既包括军事、政治等在内的传统意义上的国家安全，也包括经济、文化及科技等非传统意义上的国家安全，规定每年的4月15日，为"全民国家安全教育日"。

国家安全，重于泰山，习近平总书记屡次强调，要动员全党和全社会一起努力，才能构建起维护国家安全的强大屏障和力量，只有不断地培育及增强全体民众的国家安全意识，坚持走群众路线，不断筑牢群众基础，才能夯实国家安全的根基。

冷战已经过去，新时代已经到来，我们对于国家安全的理解，需要走出"远离战争"的局限，随着中国的日益发展和不断强大，错综复杂的国际形势和地缘政治，潜藏着多种国家安全隐患，时刻考验着我们在许多没有硝烟的战场上的应对能力。也许普通百姓随手拍的一张照片，朋友圈晒的一张图片，或是回国带的一份礼物等，都有可能泄露和危害国家安全。间谍，这个神秘的字眼，不再只是荧幕上作为演绎扣人心弦情结和故事的主人公出现，有可能就在自己平淡如常的生活里。那个异常熟悉的朋友或

同事，可能就在演绎着同样的故事，而自己稍不留神，或许也会犯下间谍罪，成为危害国家安全的间谍。

学术研究的交易

他叫陈伟，是某公司的网络管理人员。在一个普通的上午，刚刚走到单位的楼下，陈伟就被一名陌生人拦了下来，这名不速之客自我介绍说叫彼得，是某外国的一名技术专家，此番前来是有意向陈伟购买一些相关的技术资料以进行自己的学术研究，出价很高。面对这等好事，陈伟毫不迟疑就答应了。随着交易的日益频繁，对方提出的资料要求越来越高，在丰厚报酬的诱惑下，陈伟窃取并交出的机密文件数量不断增多，保密级别不断提升。当他最后知道彼得的真实身份时，一切都晚了。经查，他为国外间谍共提供了超过5500多份的文件和技术资料，其中包含秘密级文件1753份，机密级文件146份。

2019年，陈伟因犯间谍罪被北京市第二中级人民法院判为无期徒刑，剥夺政治权利终身。美好的前程，美好的人生，在间谍面前，毁于一旦。

"知心朋友"的引诱

间谍之所以神秘，因为其工作往往是隐蔽的，而且通常会变化多种身份，除了学者外，还会以知心朋友、忘年交、好伙伴等身份接近目标。丁涛，就职于国家某部委，一次受朋友朱晖的邀请赴台旅游，在旅游的过程中结识了一位热情的导游徐子晴，相处甚为愉快，成了知心朋友。丁涛返回大陆后，不断接收到徐子晴的信息，二人你来我往，关系更加亲密，随着交往的增进，徐子晴表示如果丁涛能够提供一些有价值的消息，就能获得好的商机，她就会将丁涛任命为公司的股东。在诱惑之下，利欲熏心的丁涛先后将4份机密文件交给徐子晴。而他不知道，这位热情好心的知心朋友徐子晴，真名叫徐韵媛，真实身份是台湾军情局的间谍。最终，丁涛因泄密罪被判刑。

军工专家的背叛

张某，高级专家，就职于郑州某军工科研单位，在出国访学期间，被西方某大国的情报人员看中，对方对其进行了一系列的拉拢和策反，承诺张某如果能提供一次情报，对方将给予其5000美元的报酬。为此，张某在回国后，将大量涉及我国国防及军工等国家秘密的资料和文件卖到国外。最终，张某被郑州国安部门抓捕，并以间谍罪被判处有期徒刑15年。

新闻素材的采集

2014年，23岁的张某在微信上遇到了一个自称"记者"的人，并添加为好友，之后此人告诉张某，自己需要一些新闻报道材料，希望张某能够为其提供一些与军舰相关的照片。接下来，这位实为境外间谍"记者"指使张某设法进入了某军工企业，张某按照其要求向对方提供了所需的资料及图片，几个月后，张某被采取强制措施，在这期间，张某向对方提供了500余张的目标照片，以及其他200余张的敏感照片。2015年2月12日，因为非法向境外组织提供国家机密而被判处6年的有期徒刑，并被剥夺政治权利3年。

网络论坛的煽动

伊力哈木·土赫提，中央民族大学的老师，在"维吾尔在线"网站上，利用其高校教师的身份，与境外的有关机构及个人相勾连，恶意地杜撰及歪曲相关事实真相，炒作一些涉疆问题，鼓动维吾尔族的群众去对抗政府，煽动民族仇视，并为暴力恐怖活动制造借口，意图使新疆问题国际化，最终分裂国家。2014年9月23日，因犯下分裂国家罪，伊力哈木·土赫提被新疆维吾尔自治区乌鲁木齐市中级人民法院判为无期徒刑，在剥夺政治权利终身的同时，没收个人全部财产。[①]

木马程序的跟踪和攻击

信息时代，除了通过正常人际交往和网络沟通来实现关键信息的获取外，利用网络程序尤其是特种木马程序进行网络攻击，是当前境外间谍们窃取情报的另一种方式。国家安全部曾经披露过多起有关网络攻击和窃密的案例，包括对我国航空系统设备进行的高强度网络攻击及数据窃取，以及搭建专门的钓鱼攻击平台，导致我国军工领域大量敏感文件被窃取的钓

---

① 以上资料来自北京政法2020年4月15日。

鱼邮件攻击等。近年来有着境外各类政府背景的APT黑客组织，不断对我国实施网络攻击，势头猛烈，不仅窃取大量重要而敏感的信息，还试图通过攻击来控制我国的一些核心设备和关键设施，对我国网络空间的国家安全和利益构成巨大威胁和严重危害。

国家安全部的相关负责人披露了当前APT窃密活动的三大特点：范围广泛、规模庞大，目标多样，全网覆盖，技术先进、手法复杂。

2019年的7月，一境外APT组织通过假冒我国军工领域某重点单位的邮件登录界面，搭建起钓鱼攻击的平台阵地，并用假冒的"系统管理员"身份向该单位的多名人员发送了钓鱼攻击邮件，结果作为单位职工的王某点击了邮件并输入了个人邮箱账号及登录密码，致使其电子邮箱被秘密控制。接下来，该APT组织通过定期远程登录王某的电子邮箱，收取了王某邮箱内的文件资料，并通过该邮箱向其同事和下级单位人员发送出数百封的木马钓鱼邮件，最终导致十多人因下载点击木马程序，其工作的计算机被APT组织控制。

在2019年，被国家安全机关发现并给予处置的网络攻击窃密活动中，牵扯的境外APT组织数量多达近百个，其中有一组织，在该年针对我国的"两会""一带一路"高峰论坛和新中国成立70周年庆典等重大活动实施的定向攻击，竟然超过4000多次。

近年来，境外APT组织对我国的党政机关和国防军工及科研院所等一些核心要害单位的攻击有加大加剧之势，不仅如此，攻击的范围和对象也在不断延伸，一些涉及基础设施、能源、金融以及军民融合等领域核心资料的单位，也频频遭遇网络攻击。从各种服务器和联网计算机，到电子邮箱和移动介质，再到各种网络设备和移动智能终端，以及工业控制系统和物联设备，从单机到网络，从硬件到软件，从外网到内网，涵盖了与互联网相连接的各类设备，总体上形成了攻击对象的全网覆盖。

2019年的5月，国家安全机关曾对我国某一能源公司开展了技术安全检查，结果发现，该公司的网页服务器和域控服务器以及文件共享服务器等多个网络设备，均被境外APT组织攻击并控制，控制之后，该组织利用公司缺乏内外网边界防护设备这一管理漏洞，向内网进行了渗透，最终控制了数十台的计算机。

境外 APT 组织还通过广泛运用人工智能和大数据等先进的技术手段，综合并同时运用漏洞攻击、诱骗攻击及"中间人"攻击等多种手法实施伪装和定时攻击，危害极大。

2019 年 9 月，某一境外 APT 组织通过特种木马程序，以及多个境外跳板设备，对我国的航空系统数十台计算机实施了高强度的网络攻击活动。此次攻击，有着精心的伪装，所用的特种木马在平时均处于静默的潜伏状态，当接收到远程的控制指令后，再激活运行，因此整个攻击过程十分隐蔽。①

教学目标：

1. 通过对国家安全法的学习，让学生认识到守护国家安全也是遵纪守法的表现和基本要求。

2. 通过对相关案例的了解，让学生意识到国家安全其实离我们并不遥远，就在我们身边，增强学生对国家安全的敏感性和警惕性。

3. 通过对相关案例的分析，让学生能随时保持对危害国家安全违法犯罪行为的警惕，并掌握正确的处理方法。

本案例适用于"绪论"之一"我们处在中国特色社会主义新时代"、第三章"弘扬中国精神"第一节"中国精神是兴国强国之魂"之二"中国精神是民族精神和时代精神的统一"、第三章"弘扬中国精神"第二节"爱国主义及其时代要求"之三"做忠诚的爱国者"、第四章"践行社会主义核心价值观"第一节"全体人民共同的价值追求"之一"社会主义核心价值观的基本内容"、第六章"尊法学法守法用法"第二节"以宪法为核心的中国特色社会主义法律体系"之二"我国的实体法律部门"的教学使用。

---

① 以上资料来自《法制日报》，2020 年 4 月 14 日。

精神价值分析：

1. 国家安全重于泰山。像以上这样的案例还有很多，真实的间谍案件，比电影更触目惊心，间谍人员为了达到目的，不择手段，无所不用其极。全民国家安全教育日每年只有一天，但安全问题却每时每刻都值得高度重视。林则徐曾说，苟利国家生死以，岂因祸福避趋之。每个人都应明白，国家安全不仅关乎国家的兴亡，还关乎我们每个人的切身利益，只有不断增强全民国家安全意识，厚植国家安全的社会土壤，汇聚国家安全的磅礴力量。才能构筑起保卫国家安全的铜墙铁壁。"思所以危则安矣，思所以乱则治矣，思所以亡则存矣。"维护国家安全，没有"局外人"。当今时代并非天下太平，霸权主义、强权政治和新干涉主义仍在大行其道，现实和潜在的战争威胁依然存在。有人说："国防，是永远做不完善的一种怪物。因为人类征服自然的方法没有止境，遂使国防的设置、改善和增进也同样没有止境。"

2. 树立总体国家安全观。总体国家安全观，既包括军事、政治等传统安全，也包括经济、文化、科技等非传统安全，习近平强调："要坚持国家安全一切为了人民、一切依靠人民，动员全党全社会共同努力，汇聚起维护国家安全的强大力量"。只有不断培育和增强全民国家安全意识，坚持群众路线，筑牢维护国家安全的群众基础，才能本固邦宁。

尤其是在互联网领域，国家安全形势更严峻，风险更多，挑战更大。习近平总书记深刻指出：没有网络安全就没有国家安全。网络已经成为国家秘密主要的泄露途径。在互联网时代，公民不仅要关心个人隐私和财产的安全，更要注意保护涉及国家利益的重要信息，提升对于国家安全的保护意识和敌情意识，尤其增强对网络安全的警惕性。

3. 网络安全技能的学习尤为重要。公民在上网时，严格遵守"涉密不上网，上网不涉密"的原则。在普通非涉密的计算机和移动U盘等存储介质中不得存储涉密资料；不得通过互联网的邮箱来进行涉密文件资料的存储和传递；不得在固定电话及手机通话中谈论涉密内容；涉密的计算机以及存储涉密资料的移动介质不得连接到互联网；办公计算机及手机上均需安装杀毒、防护软件；所有联网设备均需不定期地进行是否感染病毒和木马程序的安全检测；对存在可疑的网络请求或者网络连接要引起警惕，邮箱一旦存在异常的登录情况也要警觉；出差尤其是出国时，尽量携带不存储任何文件的新的电子设备，如新计算机、新手机等；在注册和使用新的电子邮箱时，尽量先进行技术检测；对于别人尤其是境外人士赠送的相关电子设备一定要谨慎使用。只有提升所有网民的网络安全意识，并规范自律自己的网络行为，才能夯实网络安全的群众基础，构建国家安全的网络屏障。

4. 掌握基本的国家安全维护方法。努力熟悉有关国家安全的法律法规。善于识别各种伪装，在对外交往中，不透露未公开的数据资料和机构、人员的信息。既要热情友好，更要内外有别，不卑不亢。既要珍惜个人情谊，更要牢记国家利益。最关键的一点，心系祖国，淡泊名利，不为利所动。

5. 弱国无外交，发展还是硬道理，实力才是真功夫。当代的战场，大多在无形的领域，总是说："我们不是生活在一个和平的年代，而是生活在一个和平的国家""没有什么岁月静好，只不过有人在替我们负重前行"等，真正需要我们用心去做的，都是细小又平凡的事情。新的时代，需要更多人去呵护、去付出、去奉献、去发展，国家安全，你我都是受益者，中国作为人口大国，国家安危与每一个公民的态度和努力息息相关，警惕自己的言语和行动，时刻牢记国家的信息安全，应当是新时代每一个公民的责任和义务，只有14亿人共同努力，才能捍卫这来之不易的和平，才能实现中国强国的夙愿，国家的安全也会因为每一个国民的努力而增添更多的底气。

教学融入设计：

1. 在新时代内容里，以"当前中国在新时代有什么样的风险和挑战？"为题，让学生用全球化的视野来理性审视中国的今天，意识到"和平但不太平"的时代特征，进而用案例来做辅助材料，帮助他们加强感性理解，减少分析现实问题的盲目乐观和简单直观倾向。

2. 在"中国精神"一讲的"当代爱国主义"内容中，以"新时代，什么样的行为是爱国的，什么样的行为不是爱国的？"为主题，让学生以小组为单位对和平时代爱国和不爱国的各种行为进行梳理和对比，得出各自的评判标准，然后通过相互辩论得出"是否捍卫国家利益"这一爱国和叛国的基本判断标准。接下来让学生以此为标准回过头去评判历史上的人和事，总结得出："爱国主义在不同历史时期虽有不同表现，但标准和核心始终是不变的"这一结论，由此理解"为什么中国的爱国主义是一个有悠久历史的传统延续"。

3. 在"社会主义核心价值观"的"个人层面"，让学生畅谈在中国特色社会主义的新时代，一个普通公民最基本的素质要求为什么是爱国。在学生做出"个人——国家利益相关"的回应后，进一步追问"国家有什么样的需要？"引导学生多角度思考问题，除了最普遍的国家"发展"需求之外，还有没有"和平"的需求？进而深入探究当前中国在和平这个维度面临的挑战和风险有哪些？让学生分析爱国是否可以化解这些风险和挑战。最终让学生明确爱国对于公民个人的重要意义。

4. 在法治章节里，通过学习宪法及相关法律体系，让学生思考并回答"为什么要设立《国家安全法》等法律？"，在理性回答完毕之后，让学生了解相关现实案例并交流学习感悟和心得体会，强化学生对国家安全法治化的必要性的认知。

问题拓展探究：

1. 你曾经遇到过危害国家安全的事情吗？当时你是怎么想的？怎么做的？现在怎么看？

2. 你认为当前为什么要强调国家安全？

3. 你最痛恨哪一种危害国家安全的行为？为什么？你觉得你可以对此做一些什么吗？

相关资料推荐：

1. 《危情谍影》（上、下）央视《焦点访谈》。

2. 《反间谍法》动画，国家安全普法宣传教育系列，腾讯网。

3. 《反间谍风云》国家安全局反间谍宣传片，优酷网。

4. 《教你如何反间谍反策反》，央视网新闻，2018年9月15日。

5. 《中华人民共和国反间谍法》《中华人民共和国国家安全法》《中华人民共和国反恐怖主义法》。

6. 《维护国家安全，我们能做什么?》，中国之声，2018年4月16日。

案例22："学霸情侣"的爱情——爱让彼此成长

案例呈现：

对于大学生来说，在求学期间能够遇到一份美好而浪漫的爱情，在毕业时实现学业、爱情的双丰收，可能是所有人的夙愿。在华东理工大学，有这样一对情侣，他们在读书期间，长期占据生物工程专业的前两名，四年共拿到53张证书以及高达8.6万的奖学金，2017年在国际遗传工程机器大赛中联袂荣获金奖，拥有一项国家实用新型专利。

这对情侣来自同一个专业的不同班级，相识于大二时偶然参与的一次"优秀学长答疑"活动，由于二人擅长的是不同科目，因而他们在钦佩对方之余，也各自暗暗下决心一定要更加努力，赶上并超过彼此，在这种激励和竞争中，他们走到了一起。

他们一起参加互助小组，一起为同学们答疑解惑，一起反思和提高，一起泡图书馆刷题，在复习整理资料的时候实行分工，然后共享。在各类答辩之前，两人会进行模拟，一方提出刁钻问题，另一方详细准备；每当压力大心情不好时，彼此会相互开导，当学业上遇到难题时，会一起分析情况，梳理思路，然后想解决的方案。

在这种携手奋斗中，同学们在各类的实践和创新竞赛如数模大赛、化学竞赛及化工原理大奖赛中都能看到这对学霸情侣的身影。借助不同的竞赛活动，他们不断深入探究自己所研究的课题，与其他参赛选手和团队交流彼此的实验进展及遇到的阻碍，共同分析问题和改进方案。不仅如此，他们还一起参与了国际学术会议，并担任现场翻译。2017年，这对学霸情侣与团队共同代表学校参加"国际遗传工程机器大赛"（iGEM），在备战过程中设计出了新型的发光搅拌桨，获得国家实用新型专利，最后在比赛中以优异的表现和成绩一举斩获国际金奖。

虽然是学霸，但他们的生活并不仅限于学习，一个活跃于学校的学生工作，奔波于体育节、啦啦操大赛及学代会之间，另一个负责支部工作，兢兢业业地服务于班级与学院，虽然忙，但快乐，因为他们参与学生活动没有功利目的，只为发光发热，为班级和学校尽一份心，使一份力。

三年的相处，他们彼此收获了很多自己想要的东西，女孩说，因为他，自己才从自我的小世界里走出来，学会尊重并接纳别人的意见，变成更好的自己。男孩说，因为她，自己才学会了什么叫坚持，她的出现，让自己不再是一个人奋斗了。

2018年，这对学霸情侣被保送到复旦大学攻读硕士及博士学位，二人分别选择了生物物理和生物化学方向。他们再一次站在新的起点上，向着不同的方向各自出发，彼此较量又彼此成长，这是他们的浪漫。

这是爱情的模样，也是青春的色彩。

"是榜样没错了"

"一起变优秀的爱情"

"爱情的最高境界就是互相成就"

"这是青春和爱情美好的样子"

"同步伐、同境界、同追求"

人人都想要拥有完美的爱情，可是完美的爱情究竟是什么模样呢？应该就是这样：共同激发各自的最大潜能，通过在一起来让彼此变成更好的自己。[①]

---

① 以上资料来自央视网、超星教学资源库、新浪网。

教学目标：

1. 通过此案例，让大学生明白真正的爱情应当是彼此共同进步，摒弃庸俗的爱情观。

2. 通过此案例，让学生意识到求学期间提升自己的重要性，帮助他们树立正确的人生追求。

此案例适用于教材第一章"人生的青春之问"第二节"正确的人生观"之二"积极进取的人生态度"、第五章"明大德守公德严私德"第三节"遵守公民道德准则"之四"家庭美德"的教学使用。

精神价值分析：

1. 人生需认真，对自己负责。许多大学生因为经过高考，期待能够在大学好好"享受"，谈一场浪漫的爱情，以弥补中学时代高压之下留下的缺憾，university 变成"由你玩四年"，自我放松甚至放纵，课程"60分万岁"成为彰显个性的标配，不再有学业上的高追求。殊不知，新的起点，新的要求，新的挑战，需要大学生重新规划自己的人生，学会把握自己，对自己负责，对恋人负责，对亲人负责，进而对社会和国家负责，做一个有价值、负责人的人，而不是浑浑噩噩地在挥洒放纵中度过青春。

2. "让彼此变得更好"才是爱情应有的模样。许多年轻人渴望爱情，但并没有做好迎接爱情的准备。把爱情当成人生的全部，忽略学业的进步和个人的成长，只看重过程不关心结果，是许多大学生恋情最容易出现的一个误区。正确的爱情观需要处理好学业和爱情的关系，个人与关心集体的关系，恋爱与关爱他人社会的关系，以及恋爱与双方个人成长成才的关系。只有在恋爱中双方都得到成长和进步，让彼此呈现出最美好的一面，才是爱情应有的模样。

教学融入设计：

1. 在人生态度"人生须认真"内容教授中，让学生思考"对于恋爱，什么样的态度才算认真？"结合学生思考，得出初步结论，再引出此案例，深入一层思考："仅仅如此吗？"，让学生明白恋爱的认真态度不仅仅表现在两人的日常交往中，更应当体现在对彼此的人生规划里。

2. 在家庭美德之恋爱观的教育中，让学生以小组为单位讨论"什么样的爱情才是你向往的？"汇集小组发言，整理归纳出共同性，教师以此案例为基础，阐述大家理想的爱情内在的要素和特征。

问题拓展探究：

1. 你认为大学谈恋爱的利与弊分别是什么？

2. 恋爱与学业有冲突吗？应该如何化解？

3. 你认为身边谈恋爱的同学面临的最大问题是什么？如果是你，你会怎么做？

4. 你怎么看待恋爱与人生的关系？

相关资料推荐：

1. 学霸的爱情，央视网。

2. "学霸情侣"……这才是恋爱的正确打开方式，《三湘都市报》，2020年1月5日。

3. 高校"学霸情侣"双双保研：3年成绩专业第一获近9万元奖学金，中国青年网，2019年12月25日。

4. "学霸情侣"四年包揽前两名：互相不服又互相佩服，《广州日报》，2018年07月16日。

案例23：爱读书的拾荒老汉——高贵在内心

案例呈现：

2014年的11月，一张拾荒老汉在图书馆看书的照片引发了网友的普遍关注和热烈讨论，很快，这位爱读书又爱干净的拾荒老汉的相关信息被披露到了网上，老汉自称"章楷"，在杭州乡下出生，曾先后当过村干部和民办教师，现在已经退休多年，生活来源主要是退休金和自己拾荒收入，因为离婚较早，儿女又在外地，目前自己一人在杭州居住。因为喜欢看书，所以经常会去图书馆。在照片火遍网络后，网友和管理员纷纷回忆起这位经常用一根竹竿把两个口袋挑在肩后，穿一双被泥染成黑色的白运动鞋的老人，说他虽然生活贫困却十分热爱阅读，而且每次看书前都要把自己的双手洗干净，虽然杭州图书馆并没有要求和相关规定说要拾荒者洗手，但是这位叫"章楷"的老人每次都会先洗手，绝不把书弄脏；而且特别爱看书，有时候一周能碰上好几次，所借看的多是政治、历史类书籍，其中包括曼德拉传记，还曾查阅过与自己腿疾有关的医书。

与这位老者同样火起来的是杭州图书馆，因为对拾荒者的包容、平等服务和人性化的管理而被网友称赞，被评为"最温暖图书馆"。在此之前，该图书馆也曾经遭遇过读者因为难以忍受身边流浪和乞讨者身上所散发的异味而向馆长投诉的事件，作为馆长的褚树青当时劝导读者，如果觉得不便可以更换座位，作为开放的图书馆是没有权力让任何一位读者离开的，更何况流浪和乞讨者并没有干扰到他人。杭州图书馆秉承着公共图书馆不分年龄、人群和种族的服务原则，对拾荒者和流浪汉免费开放，并给予尊重，得到了广泛的社会好评。

就在大家纷纷为这位拾荒者尊重知识，图书馆尊重读者的行为点赞的时候，2015年的12月16日，一位女士给浙江的电视媒体打电话称，那位自称为"章楷"的拾荒者，真名其实叫韦思浩，是自己的父亲，一个月前，不幸遭遇意外车祸而受伤，几天前刚刚过世。直到此时，人们才开始了解到这位爱读书的拾荒老人的真实身份和生活。"章楷"，真实姓名叫韦思浩，是一位退休的中学语文老师，每个月有5000多的退休工资，但是他一直省吃俭用，住的是头一年交付的毛坯房，在80多平方米的家里面，除了一张木板床和一个装满书的书柜外，就剩下几个捡回来的塑料瓶，空荡荡的家可谓是家徒四壁，一贫如洗。

其女儿在整理老人的遗物时，无意间发现了很多凭证，大大小小一共数十张，都是关于捐资助学的，其中包括浙江省社会团体的收费专用票据、希望工程的结对救助卡以及扶贫公益助学金证书等等，还包括一份已经签署的遗体捐赠志愿表。在这些票据和卡片上，可以清晰地看到，从90年代开始，韦思浩老人就一直坚持捐款和救助，从最开始的一次捐赠三四百元，到后来的一次捐助三四千，而且所有的捐助者，他用的都是自己"魏丁兆"的化名。

2015年的12月13日，在经历长时间的深度昏迷后，韦思浩老人因为多个器官衰竭，最终抢救无效而离开了人世。

这位感动并激励众多网友的拾荒老人去世了，但韦思浩、章楷、魏丁兆这三个名字所勾勒出的集教书者、拾荒者、读者和捐助者于一体的丰满形象将永远告诉世人，向善向上的心灵最高贵！①

教学目标：

1. 通过此案例，让学生意识到知识对于一个人的重要性，树立起活到

---

① 以上资料来自新华网、超星教学资源库。

老、学到老，学习无止境的求学观念。

2. 通过此案例，让学生明白精神能让一个人变得崇高，奉献他人才能彰显人生的价值。

3. 通过此案例，让学生意识到尊重他人就是尊重自己，树立起平等的待人理念，学会平等地尊重每个人。

此案例适用于教材第一章"人生的青春之问"第二节"正确的人生观"之三"人生价值的评价与实现"、第四章"践行社会主义核心价值观"第三节"做社会主义核心价值观的积极践行者"之二"勤学修德明辨笃行"、第五章"明大德守公德严私德"第四节"向上向善、知行合一"之一"向道德模范学习"、第三节"遵守公民道德准则"之二"社会公德"的教学使用。

精神价值分析：

1. 尊重是平等的基本体现。人生而平等的观念早已被众人接受，但许多人并不清楚这句话不仅仅只是一句话而已，平等意味着尊重，尊重身份低微的人，尊重不同职业的人，尊重跟我们观点不一致的人，以及尊重生活观念跟我们不一样的人，等等，总之需要尊重每一个灵魂。首先我们要尊重不同职业的人，无论别人从事什么样的职业，拥有什么样的身份，只要是正当的，都应当获得大家的尊重，职业无高低贵贱，都是平等的，无论是清洁工、拾荒者，还是送报人、农民工，都是通过自己的努力来换取相应的劳动报酬。其次，尊重学习的权利。杭州图书馆之所以能够善待拾荒者，是因为在知识面前，人人都是平等的，都有学习知识的权利。无论你来自哪里，在做什么，都有学习读书的权利。知识不会因为职业和穿着不同而拒绝任何人，身份的高低、职业的不同甚至躯体的差异都不是权利被剥夺的理由和借口，每一个人好学的人都应当得到别人的称赞和鼓励。

通常我们会戴着有色眼镜去看待别人的职业和着装，以此来判定一个人的品行，以貌取人往往是社会一部分人的顽疾，只有明白人人都享有平等的学习权利，才会对所有的阅读者心怀敬畏，这是一种智慧，更是一种善良，理应是大多数人的品质。当我们面对弱势群体，需要做的，是多一份关爱和包容，而不是假惺惺地以清高的姿态去随意指责和疏远。图书馆与众不同的做法，背后是馆长智慧又朴实的心。知识就是力量，当一个民族热爱知识，渴望智慧，就会热衷阅读，就会有无穷的潜力，也就会有诸多奇迹的诞生。

拾荒，不仅为生活，更为文明，但愿更多的人能够成为精神的拾荒者，拾起文明，积聚力量，让文明能够长存。

2. 兼济天下是最大的慈悲。在漫长的岁月里，老人热爱学习、尊重知识、无私捐助的行为没有赢来鲜花和掌声，也没有众多年轻人的拥戴和赞赏，却始终如一地坚持下来，用自己的热忱去拥抱知识，用自己的乐观去面对生活，用自己的善良去资助学生，几乎倾尽所有，将爱和希望传递给了这座城市。这位灵魂高贵的拾荒者，这位慈悲为怀的捐助者，向我们传递出了这个平凡世界里隐藏着的巨大的人性力量，虽然衣衫褴褛，生活窘迫，却像一名苦行僧一样，用最简单的方式生活，用最无私的方式发光，用自己的物质财富换来更为宝贵的精神财富。我们总是说，有一分热，就要发一分光，但发光发热的前提是有一颗善良、慈爱的心灵。慈善并不是富人的专利，有善良而慈爱的心，才会让自己身上更有热量，更具有光芒，在任何时候都能以自己的方式给这个世界带来温暖和关爱。财富很重要，但更值得我们拥有的是兼济天下的情怀！

3. 知识有尊严，更有力量。无论是拾荒老人看书前洗得干干净净的手，还是杭州图书馆对拾荒者和流浪人员的宽容和接纳，抑或是馆长智慧而犀利的回应，背后所呈现的，是对知识的尊重。正是这种对知识的尊重，让他们被更多的人所敬重。知识的尊严和力量让他们拥有了强大的人性光芒。

书籍是人类进步的阶梯，每个民族，每个个体都在知识的孕育下获得了进步和提高，整个人类文明的延续和发展历程，就是知识积累的过程，知识为人类文明的发展和社会的进步起到了无可替代的重要作用，理应获得人们的敬畏和尊重。

看着他们的故事，想起现在的我们，如果让我们在长达数十年的岁月中坚持阅读和学习，在生活窘迫、孤苦不堪的境地仍坚持自己的梦想和追求，又有几人能够做到呢。当韦思浩老人手捧书本，尽情徜徉在书海的照片屡屡出现在我们的视野和脑海中的时候，在动容和敬畏之余，长期刷着手机，玩着游戏的人们，是否应该有所改变呢？①

教学融入设计：

1. 在人生价值的内容讲授中，以此案例为基础，让学生思考，你认为韦思浩老人的人生价值体现在什么地方？除此之外，还可以有什么样的人生价值的实现方式？

2. 在社会公德章节中，让学生以小组为单位，分别搜集梳理公共场所的基本道德要求，并列举典型的榜样案例或反面教材，加以评析，教师对此案例警醒深入剖析，帮助学生深刻理解公德的内在本质和价值。

3. 在"道德榜样"的教学中，以"什么样的才是道德榜样？"、"道德榜样的意义和价值在哪里？"让学生深入思考榜样的崇高与平凡、表象和内里之间的关系，然后列举身边自己敬仰的道德榜样并说明理由。

4. 在社会主义核心价值观关于"勤学"内容里，让学生以小组为单位做一份关于身边大学生学习状况的小型调查，拟定调查问卷，开展调查活动，并进行分析总结，在班级进行交流。教师引导，强调知识的重要性，引出此案例，帮助学生树立"勤学"的观念和习惯。

问题拓展探究：

1. 你去过图书馆吗？对图书馆以及去图书馆的人有什么看法和体会？
2. 你对自己的书籍保存得怎么样？有没有特别的爱惜习惯和方法？
3. 你有没有在热闹的地方看到有人读书的景象？有什么感觉？

---

① 以上资料参考于商丘新闻新起航，2018年9月14日。

相关资料推荐：

1. "杭州图书馆向流浪汉开放　拾荒者借阅前自觉洗手"，《法制晚报》，2014年11月26日。

2. 最温暖图书馆里的拾荒老人离世　拾荒为捐资助学，新华网，2015年12月23日。

3. 那个图书馆里的拾荒老汉，腾讯视频，2015年12月22日。

案例24：当代雷锋郭明义
——赠人玫瑰，手有余香

案例呈现：

郭明义，辽宁鞍山人，生于1958年，1977年参军，1980年入党，两年之后从部队复员，到齐大山铁矿工作，先后担任过汽车驾驶员、车间的团支部书记、矿党委的宣传部干事以及车间统计员、人事员等职务，甚至还当过英文翻译。现在在鞍钢矿业齐大山铁矿生产技术室担任采矿公路管理业务的主管，是中华全国总工会的兼职副主席，2010年获"感动中国"十大人物，在2017年10月被选为中国共产党第十九届中央委员会的候补委员。

郭明义的父母都是普通旷工，有着乐于助人的热心肠，在这样的家庭长大，从小耳濡目染，郭明义也逐渐成长为一个愿意帮助他人，乐于奉献的好小伙。1977年，19岁的郭明义报名参军，来到部队。十七年前，跟他一样，也有一位来自鞍钢的小伙穿上军装，参军报国，那个年轻人叫雷锋。同样的报国初衷，同样的鞍钢起点，郭明义因此把雷锋当成自己的人生榜样，不仅经常翻看雷锋日记，学习雷锋事迹，还时刻不忘践行雷锋精神。作为一名战士，能力有限，他所能想到和做到的，就是尽力去帮助一切身边能够帮助的人，出力出时间，遇到没法出力的，就出钱，他把部队发给自己的每个月六七块钱的津贴一点一点地节省下来，遇到有困难的任何事，他就毫不犹豫地进行捐助。1979年云南发生了大地震，郭明义听到这一消息后，专门向部队请假，然后步行了20多里路赶到县城的邮局，将自己积攒的100多元津贴费全部寄往灾区。

退伍复员后，郭明义成为一名矿工。尽管已经脱下军装，但退伍不褪色的优良品质在他那里得到了最精彩的展示，时刻保持着部队的优良作风，无论在什么岗位上，他都以积极的态度对待工作，力争最好，因此工作业绩极为突出，不久就成为全矿的标杆和模范。

不仅是工作上的积极和上进，在生活中，郭明义也延续着对雷锋精神的实践。无论亲疏远近，无论认识与否，对于需要帮助的人，他都不会拒绝，一旦有人遇到困难，他都会尽自己最大的心意和能力去帮助。

1990年，单位号召职工义务献血，一向热心公益的郭明义第一时间报了名。这是他第一次献血，仅仅因为觉得这是件对社会和他人有意义的事情，自己作为一名共产党员，不应该不参加。而正是在这次献血过程中，郭明义了解到了献血能够挽救宝贵的生命，但是血库会经常遭遇血源不足的窘境。自那以后，郭明义就年年坚持无偿献血，有时候一年献两次，在20多年的岁月中，从未间断过，家里50多本的献血证，记录了他无偿献出共计6万毫升的壮举，而这个总量，相当于正常人自身总血量的10倍。

有一次，郭明义在电视中看到希望工程的公益短片，因贫苦而辍学或读不起书的孩子们渴望读书的眼神，深深地刺痛了他。尽管当时全家收入不足600元，但那一次，他就向山区的一名失学儿童捐了400元。从此一发不可收拾，在接下来的二十多年间，郭明义用自己一半以上的工资先后资助了一百多名贫困的学生，不仅捐自己的工资，还向社会募捐，用以帮助那些需要帮助的人。而他自己，多次让出单位分的福利房，至今仍居住在40平方米的老房子里，穿的是普通的劳动服和廉价的大头皮鞋，吃的是最简单的素食淡饭，与"慈善家"的形象格格不入。他总是说，自己也不知道自己怎么回事，就是觉得帮助了别人，自己会睡得踏实一些。

2008年3月，"郭明义爱心联队"成立，主要活动和任务是捐资助学，目前加入的成员人数是2800多人，受到资助的特困学生人数累计超过

1000 名。该团队加上其他方面如无偿献血、无偿捐献造血干细胞及遗体器官捐献的志愿者们，参与爱心行动的总人数已经超过 5800 多人。这些人，追寻着郭明义的脚步，在雷锋精神的照耀下，一步一步地踏出了更多人的健康和未来。

郭明义深知自己能力有限，要想帮助更多的人，需要凝聚起众人的力量。他先后多次发动矿业职工义务献血，多次发起捐资助学活动，组织成立多个爱心组织。截至 2012 年，在他发起的 7 次无偿献血活动，600 多名矿业职工累计献血 15 万毫升；在捐资助学活动中，2800 多名矿业职工捐款近 40 万，资助 1000 多名特困生；组建的遗体和眼角膜捐献志愿者俱乐部，矿业成员已有 200 多名，是国内参与人数最多的遗体（器官）捐献志愿者组织；在他所在的齐大山铁矿，参加郭明义爱心组织的 1000 多人，几乎占到职工总数的一半。

2010 年 8 月，胡锦涛同志对鞍山钢铁集团的郭明义及其先进事迹作出了重要批示，认为郭明义是"助人为乐的道德模范"，是"新时期学习实践雷锋精神的优秀代表"。要在社会上大力宣传和弘扬郭明义的先进事迹及崇高品德，为构建起社会主义和谐社会提供强大的精神力量。

2010 年，郭明义获得"感动中国"十大人物，给予他的颁奖词是："他总看别人，还需要什么；他总问自己，还能多做些什么。他舍出的每一枚硬币，每一滴血都滚烫火热。他越平凡，越发不凡，越简单，越彰显简单的伟大。"[1]

可他却说，帮助别人，我很快乐——你会看到我会继续下去的——

教学目标：

1. 通过了解郭明义的事迹，让学生能够对雷锋精神在当代的传承有所认知，意识到"雷锋精神并未过时"，帮助他们树立弘扬和传承雷锋精神的自觉性和主动性。

---

[1] 以上资料来自：郭明义事迹，共产党员网，2013 年 8 月 22 日。

2. 通过学习郭明义的事迹，让学生把握社会主义核心价值观在当代的具体体现，帮助他们树立与人为善、乐于助人以及"我为人人，人人为我"的集体主义观念和意识。

3. 通过对郭明义事迹的学习和分析，帮助学生在自觉地践行社会主义核心价值观的同时，主动地反对功利主义和个人主义。

本案例适用于教材第一章"人生的青春之问"第三节"创造有意义的人生"之一"辩证对待人生矛盾"、第三章"弘扬中国精神"第一节"中国精神是兴国强国之魂"之三"实现中国梦必须弘扬中国精神"、第四章"践行社会主义核心价值观"第二节"坚定价值观自信"之三"社会主义核心价值观的道义力量"、第五章"明大德守公德严私德"第四节"向上向善、知行合一"之一"向道德模范学习"的教学使用。

精神价值分析：

1. 社会主义核心价值观需要高尚的道德来支撑。

社会主义核心价值观对公民层面的要求是"爱国、敬业、诚信、友善"，分别对个人与国家，个人与职业，个人与他人，个人自己四个方面做出了基本的道德要求和指引。"友善"既涉及与他人交往的友好表现，更涉及个人自己的性格和道德修养，可以说是"外"和"内"的结合。一个人如果没有内在的温度支撑，很难在对外中表现出应有的热度，也就是说，没有内在的善良，就无法有外在的友好，也很难有对职业的敬畏和对国家的热爱。郭明义因为有善良的本性支撑，所以无论是对他人，对工作，对社会，对国家，始终是一腔热情，全力以赴，尽其所能予以奉献和付出。因此，社会主义核心价值观的践行，需要从提升公民的道德品格来切入。

2. 助人不为回报，只为初心。

中国有个成语"助人为乐"，意思是把帮助别人作为自己快乐的来源。为什么会快乐呢？不是因为有回报或者有好处，而是感觉到了自己的价值。用马斯洛的理论来解释，就是这种帮助别人的行为满足了自己自我实现的需要。然而许多人并没有意识到这一点，帮助别人的动机不是来自内心的需求，而是外在的"好处"，在这种动机驱使下的助人具有了功利性。有物质回报和好的结果，助人就是乐，没有回报和功利性的结果，助人就不再是乐，这种以结果来产生动机的助人已经背离了帮助的本意，只有"不忘初心"，帮助别人才能更容易成为社会新风尚。

3. 不求名利。

郭明义的善举最开始源自自己内心的真诚和善良。在坚持奉献多年之后，也许有人会说：该捐不该捐的也捐了，该让不该让的也让了，现在还是一贫如洗，不用继续了，完全可以争取自己应有的福利和回报。但郭明义不是为回报而来的，在自己名气暴涨，赞誉满身的时候，他利用自己的影响去做的，却是更大范围、更多民众参与的社会公益。郭明义用实际行动说明：后其身而身先，外其身而身存，非以其无私耶？故能成其私。

4. 薪火相传。

人活着，总是需要精神的，人类要延续，要发展，也是需要有精神传承的。雷锋，一个时代的标志，身上有爱心，有奉献的精神。胡锦涛同志曾指示，郭明义同志是新时期学习实践雷锋精神的优秀代表。这说明，郭明义的精神实质就是雷锋精神在新时期的写照。人类的文明之所以获得不断进步，社会财富之所以获得不断发展，就是在无数人献出爱心，默默无闻地奉献智慧和力量中收获而来。有了这种精神，才能够坚定民族前进的信念，才能够振奋其民族不惜追求的精神，才能够凝聚民族的力量，不断构筑起我们和谐社会的大业。

教学融入设计：

1. 在人生观的教育中，让学生以自己是郭明义来预设场景，在面对各种得与失、苦与乐、顺和逆、荣和辱的矛盾冲突时，是如何化解的，最后得到幸福了吗？得到的是怎样的幸福？可以以小组为单位，相互提醒和共同分析，最后选择代表进行发言，教师深化引导。目的是在活动中通过比较来感受奉献的意义和崇高，自觉抵制和反对功利主义、个人主义和享乐主义，正确处理各种人生矛盾。

2. 在中国精神的讲授中，让学生搜集资料分析和梳理优秀传统美德在今天得到弘扬的典型案例，然后以此案例为焦点，让学生思考"为什么这些优秀的道德精神能够在新时代得以弘扬？最根本的原因是什么？"其目的是让学生明白实现中国梦必须要有一种凝聚共识、彰显中华民族精神气质，并能聚集中国人力量的内在力量。

3. 在社会主义核心价值观的讲授中，让学生以小组为单位以此案例来分析为什么"社会主义核心价值观代表着当今时代人类社会的价值制高点"？其目的是寻找价值观自信的理论依据和现实依据，以加强学生对社会主义核心价值观的深度理解和认同。

4. 在道德教育中，让学生以"谁是雷锋？雷锋精神是什么？你当过雷锋吗？有什么感受和体会？"为主题进行班级讨论会。教师在其中引入此案例并思考"雷锋精神是否过时？没有好处为什么还要当雷锋？"等问题，帮助学生树立正确的道德观。

问题拓展探究：

1. 网上不时出现诸如"告诉你一个真实的雷锋""雷锋是假的""雷锋也爱赶时髦"等帖子和言论，对此，你怎么看？

2. 在新时代的今天，你还愿意做"雷锋"吗？为什么？

3. 西方有媒体列出"影响中国历史的十大人物"，雷锋上榜，你觉得为什么会这样？

相关资料推荐：

1. 雷锋传人，助人为乐的道德模范——记优秀共产党员郭明义，光明网专栏。

2. 新时期雷锋传人——郭明义，中华人民共和国国防部网站。

3. 道德楷模　精神路标《光明日报》，2010年9月23日。

案例 25：2019 年"全国向上向善好青年"

案例呈现：

为弘扬社会正能量，引导广大青少年在实际行动中积极培育和践行社会主义核心价值观，根据"青年典型青年荐、青年评"的基本思路，共青团中央特别举办了"全国向上向善好青年"的推选活动，该活动面向社会各行各业以及基层一线，寻找并推选出一批在践行社会主义核心价值观以及传播正能量方面起带头作用和表率作用的好青年，通过相互学习讨论、主题宣传和交流分享，以及实践推广活动，来影响和带动广大青少年在自己的岗位上奋发向上、崇德向善，为在全社会形成向善、向上的良好风尚推波助力。该活动于 2014 年 10 月启动，每年评选出 20 位在崇义友善、爱岗敬业、创新创业、孝老爱亲、诚实守信这 5 个方面有突出事迹的好青年，得到了社会公众的积极响应和热情参与。

获得 2019 年"向善向上好青年"奖的有：

曹德友，男，汉族，出生于 1995 年 3 月，山东政法学院传媒学院的本科生，共青团员。因父亲身患癌症去世而走上公益道路，在大学四年期间，参与的公益活动达数百次，帮助了无数需要帮助的人，坚信只有自强不息，才能改变命运，成就未来。曾荣获"山东省大学生自强之星""全国优秀社团人"及"国际最美志愿者"等荣誉称号。

高玉涵，女，回族，出生于 1997 年 10 月，宁夏医科大学理学院的本科生，共青团员。幼年时，双耳失聪，但她始终以乐观积极的态度来面对人生的挫折，在实现大学梦的同时，还以优异的成绩荣获校长"特别奖学金"，曾在全国大学生数学建模比赛及宁夏回族自治区的微视频大赛中取得优异的成绩。在学习之余，她还创建了公益队伍，帮助许多困难的人，曾先后获得宁夏医科大学颁发的"优秀共青团员""自强之星"及宁夏西吉县颁发的"优秀志愿者"等荣誉称号。

郭嘉毅，男，汉族，出生于2001年4月，新乡技师学院旅游管理系的学生，共青团员。2016年入学后，以学业为重，勤奋进取，潜心钻研所学专业，苦练技能，曾经在学院、市、省级等各类比赛中屡获佳绩，荣获三好学生、德育标兵、河南省"优秀学生干部"及全国"最美中职生"等荣誉称号。

胡乾惕，男，汉族，出生于2004年9月，浙江省丽水市实验学校的学生，共青团员。热爱航模运动，曾参与拍摄了中国首部展现无人机竞速的纪录片《决胜无人机》，在市级、省级及国家级别的各类科技及航模类的比赛中多次夺冠，2018年参加首届世界无人机锦标赛斩获青少年组亚军，是航空模型的国家一级运动员，曾获得浙江省"最美中学生"的荣誉称号。

李林威，男，汉族，出生于1994年12月，重庆大学电气工程学院的研究生，中共党员。在校期间积极地投身于电子专业的学习和学术研究，累计获得的校级、省部级以及国家级奖励多达83项，先后获得12次各类奖学金；参与各级各类科研创新项目多项，曾在EI核心论文上发表文章，获得授权一项美国发明专利，主持并研发的新能源电动车项目，在"创青春"全国大学生创业大赛中荣获铜奖，先后被中国教育报和新华网以及重庆日报等主流媒体报道十多次。

罗杰，男，汉族，出生于1993年10月，四川大学化学工程学院的研究生，中共党员。求学期间，勤奋学习、刻苦钻研，曾入选所在专业第一批的卓越工程师培养计划，用自己的理论研究和工程实践，创新并突破了行业的发展瓶颈，参加全国大学生化工安全设计大赛并取得了较好的成绩。不仅如此，还热心公益，曾与团队一起赴凉山昭觉县支教一年，募集了价值100多万元的爱心物资，组织援建了百川图书角，组织实施了关爱留守儿童和扶贫助学等计划，覆盖的彝族学子超过1万名，被央视新闻频道、中国青年报等媒体报道。所在团支部荣获全国五四红旗团支部的称号，其本人曾获四川新青年、省优秀西部计划志愿者、省优秀共青团员等荣誉。

上官书仪，女，汉族，出生于1994年8月，西北大学外国语学院的研究生，中共党员。扎实求学，并注重学以致用，在本科和硕士研究生的求学期间，参加了近40场专业类比赛和10余场其他类别的比赛，曾荣获校级一等奖学金及国家奖学金，获得的省级及以上奖项近20次。不仅如此，她还积极地参与了10余场的大型志愿活动及多次见习活动。获得优秀共青团员、优秀学生干部及优秀志愿者等荣誉称号。

宋彪，男，汉族，出生于1998年11月，江苏常州技师学院机械工程系的学生，共青团员。2017年10月，参加了在阿联酋举行的第44届世界技能大赛，在工业机械装调项目的较量中，代表中国出战并勇夺金牌，并以779分的最高分，在1260多名参赛选手中脱颖而出，摘得阿尔伯特·维达尔奖，这是该届大赛的最高奖项，宋彪，也因此成为中国获此殊荣的第一人，在世界的舞台上展示出了中国青年工匠的风采，为中国赢得了崇高的荣誉。

谭玉娇，女，汉族，出生于1990年10月，北京体育大学残奥冠军班的本科生，共青团员。曾作为举重队里最年轻的女运动员代表国家队出征2012年的伦敦残奥会，并获得银牌，之后陆续斩获亚锦赛、世锦赛、亚残会及世界杯赛的冠军，在2016年的里约残奥会上，打破了世界纪录，获得金牌，在2018年的亚洲残运会上，不仅收获了冠军，还两次刷新了世界纪录。2016年进入北京体育大学学习。求学期间，积极参加各项活动，展现出了运动员的活力和激情，也展示出了当代青年人的风采和力量。

唐政，男，汉族，出生于1996年8月，海南大学机电工程学院的本科生，中共党员。在校期间，参与了多项校级、省级和国家级的科研项目，曾在2017年的"东方红"杯创新大赛中获得全国二等奖，在教育部主办的创新创意大赛中获得一等奖。设计出了一款全自动的槟榔收获机，所在团队的"智能室内场景控制系统"，被作为海南省的唯一项目，成功入围首批中国青年创新创业展示项目。

唐文涛，男，汉族，出生于1993年5月，上海交通大学材料科学与工程学院的博士生，中共党员。潜心科研，致力于太阳能电池的前沿研究，制造出了世界上第一块被国际认证的钙钛矿模块，成为该模块的世界纪录创造者。在国际顶级期刊 Nature 等杂志上发表论文3篇，是国内钙钛矿领域的第一篇 Nature 正刊。并在某公司担任项目负责人，积极推动科研成果的转化。曾荣获上海交通大学的"学生年度人物"和"学术之星"及国家奖学金等荣誉。

王奉宇，男，汉族，出生于1995年8月，中国地质大学（武汉）地球科学学院的研究生，共青团员。痴迷地质、勤学探索，在本科读书期间跑遍了西藏、贵州等六个省份，考察的行程接近一万公里，发现了早三叠世腕足动物的新物种化石，在填补生物大灭绝之后腕足动物演化空白的同时，将腕足动物的复苏时间提前了约300万年。曾在全球古生物领域的权威期刊上发表论文，并受到国际知名古生物专家的正面评论。曾获得国家奖学金、湖北省优秀共青团员、第十五届"挑战杯"全国大学生课外学术科技作品竞赛一等奖和第十三届中国大学生年度人物及中国青少年科技创新奖等多项荣誉。

吴凡，男，汉族，出生于1993年1月，哈尔滨工业大学航天学院的博士生，中共党员。2013年作为学生微纳卫星团队的骨干成员开始参与卫星研制工作，先后担任"紫丁香"一号、二号及"龙江"一号、二号纳卫星姿态控制系统的设计师，其中负责的"紫丁香二号"是中国首个由大学生进行自主设计、研制及管控的纳卫星，而"龙江二号"则是世界上首个能够独立完成地月转移和近月制动以及环月飞行的微卫星，该卫星所拍摄的"最美"地月合影照片被刊登在《科学》杂志上，被新华社及中央电视台等多家主流媒体广泛报道。之后，还参与"珠海一号"星座的03组星及阿斯图微纳卫星等多项研制任务。

吴倩婧，女，汉族，出生于1997年6月，云南财经大学统计与数学学院的本科生，中共党员。她热爱学习，勤于钻研，在多项科研竞赛中表现突出，曾获得全国大学生数学建模挑战赛的全国二等奖、第十五届全国大学生课外学术科技作品竞赛的全国三等奖、第四届全国英语口语测评大赛的国家三等奖以及美国大学生数学建模竞赛的国际三等奖。主持一项国家大学生创新创业的训练项目，公开发表两篇学术论文。并积极参加社会公益实践，曾获云南省优秀学生干部、"先进个人标兵"等荣誉。

吴清扬，男，汉族，出生于1998年4月，南开大学经济学院的本科生，共青团员。勤学上进，在科研上表现突出，公开发表学术论文5篇，其中一篇被CSSCI期刊录用，作为唯一受邀的本科生参加首届全国高校国际贸易研讨会，在央广网及中国经济网等新闻媒体网站发表署名时评3篇。本科求学期间在清河、绥化及延安等6地开展了社会调研，并为当地提供了一些政策建议。曾获国家奖学金及天津市人民政府奖学金、团中央"强国一代新青年"及第四届"互联网+"国赛铜奖等荣誉。

吴卓航，女，汉族，出生于1998年9月，江西中医药大学针灸推拿学院的本科生，中共党员。在校期间勤于学习，乐于科研，公开发表文章8篇，获专利1项，并主持或参与校级、省级、国家级项目多项，在挑战杯、远志杯及"互联网+"等大赛中均有优异的表现，获得省级奖项5项和国家级奖项3项。曾获得学校一等奖学金和国家奖学金。与此同时，她还热心公益，在三年的时间里参加的党员志愿服务、三下乡及义诊等志愿活动共计30余次，累计志愿服务的时间超过400小时，先后获得优秀共青团员、优秀青年志愿者、三好学生及优秀学生干部等称号。

杨江涛，男，汉族，出生于1991年9月，华中科技大学电气与电子工程学院的博士生，中共党员。潜心于飞轮储能电机本体理论的学术研究，公开发表学术论文16篇，其中被SCI检索的论文7篇，有2篇发表于电气领域的国际顶级期刊上，授权和受理的国家发明专利有8项。参加多项国家自然科学基金及校企合作项目。承担1项学校的学生创新项目，曾获得

2015 中部 MBA 创业大赛的一等奖以及 2015 湖北省创新创业大赛的团队组二等奖等。

张琦，男，汉族，出生于 1993 年 3 月，华东理工大学化学与分子工程学院的博士生，共青团员。他在攻读博士学位期间潜心研究，解决了多项国际前沿的科学难题，曾在国际 SCI 期刊上发表了 25 篇学术论文，其中有 9 篇在国际著名的学术期刊上发表，其研究成果被多次转载和报道。当前在费林加诺贝尔奖国际联合研究中心深造，从事人工分子机器与超分子化学方面的研究。连续三年获得博士生国家奖学金，并在 2018 年被美国化学会从 30 名入选者中挑选出来，评为"未来领袖者"。

张胜，男，汉族，出生于 1993 年 8 月，国防科技大学研究生学院学员 2 大队的学员，中共党员，博士研究生在读。主要从事的是大数据和人工智能领域的相关研究，曾于 2012 年和 2013 年连续两年在全国大学生数学建模竞赛中获得一等奖，2014 年和 2015 年又在国际大学生数学建模竞赛中荣获特等奖。发表了 12 篇学术论文，其中 4 篇被 SCI 检索，6 篇被 EI 检索，被学校评为践行强军目标标兵，荣立 2 次二等功、1 次三等功。

周小凯，男，汉族，出生于 2002 年 5 月，山西省阳泉市第一中学的学生，共青团员。刻苦学习，勤学善思，努力钻研和探索前沿学术问题，获得多项科研成果，在高一时就在科技创新大赛中获得省级二等奖和市级一等奖，申请和获得发明型专利与实用新型专利各一项，得到了某科技公司的投资意向书。曾担任学校领导力项目的主席，积极组织并参与了各项学校组织的活动。①

教学目标：

1. 通过这些向善向上好青年事迹的介绍，向学生展现新时代青年人应有的一种风采，帮助学生了解"时代新人"应有的模样。

2. 帮助大学生寻找与自己情况相仿的奋斗目标，为他们的大学生活寻

---

① 以上资料来源 360 百科、《中国青年报》2019 年 4 月 29 日。

找一个可以努力的方向。

3. 通过剖析这些青年共同的品质，让学生把握今天和未来的中国所需要人才的基本要求。

本案例适用于"绪论"之二"时代新人"、第一章"人生的青春之问"第三节"创造有意义的人生"之三"成就出彩人生"、第二章"坚定理想信念"第二节"崇高的理想信念"之二"中国特色社会主义是我们的共同理想"、第三章"弘扬中国精神"第二节"爱国主义及其时代要求"之二"道德爱国者"的教学使用。

精神价值分析：

1. 理想决定方向。每一个受表彰的青年，都是有梦想的人，都不想在生活安逸的时代成为稀里糊涂混日子的人，虽然年轻，但心里始终有梦，或潜心科技，或服务人民，或投身国防，或致力学术，无论身处哪个学校，哪个学业阶段，哪种专业背景，他们都有着自己的目标，都有着自己的追求。只要有理想，人生就会有方向，成功就会有希望。

2. 英雄不问出处。这些受表彰的年轻人，并不都是知识界的精英，有一些是平凡的运动员和普通技术学院的在校生，甚至是高中生。他们之所以在各自的领域中成为佼佼者，很大程度上源于他们不怨天尤人，不自怨自艾，不自我看低，甚至是在别人的讥讽和嘲笑之中努力地坚持自己的梦想，做自己认为值得去做的事情。正是这种坚持，让他们能够和出身较为"显赫"的精英们一起接受人们的赞誉，享受奋斗带来的幸福。

3. 与时代同向，与祖国同行，与人民同心。成功有许多种，这些享受赞誉的年轻人选择的成功，全部都是将祖国、人民的利益和时代需求以及自身喜好和专长结合起来的成功，只有这种成功才能更好地将个人利益和集体利益集合在一起，将个人价值和社会价值予以有机地统一。他们在服务人民，奉献社会，效力祖国的实践中创造了有意义的人生。

教学融入设计：

1. 在第一章"青春之问"中通过"你想要什么样的成功?"问题探究

中，给学生提供多种不同的所谓"成功"的模式，如个人物质财富的巨大累积（代表人物王健林）、社会影响力的极大展现（代表人物马云）、个人兴趣和爱好的自由追求（真实的自我）、对社会最大努力的付出（如焦裕禄）、在自己喜欢的领域中奉献社会（如袁隆平）等等，让学生进行评判和选择，通过教师从得与失的权衡引导让学生对成功予以较为完整和深刻的理解，最终将自己的努力方向放在个人和他人、物质和精神的统一上。

2. 在绪论"适应教育"中，针对学生对于大学生活的失落和理想的缺失，用"普通的大学能否成才？成什么样的才？"的问题讨论，让学生对自己所处校园和所处时代有一个基本的正确认知，对自己未来有一个正确的方向，减少失落、失望、失去方向感的迷茫。

3. 在第三章"弘扬中国精神"第二节结束时，用这些年轻人的案例让学生思考：他们弘扬了什么样的中国精神，为什么跟过去时代的中国精神有所不同？引出新时代中国精神的核心：改革创新。

问题拓展探究：

1. 作为普通大学生，可以在科技创新上做出哪些努力？
2. 讲述自己曾经追梦的故事。
3. 新时代，为什么科技创新如此重要？
4. 什么是"向上"？什么是"向善"？

相关资料推荐：

1. 2019年"全国向上向善好青年"事迹简介，中国青年报，2019年4月29日。

2. 2019年"全国向上向善好青年"名单揭晓，中国青年网新闻频道，2019年4月28日。

案例 26：中国服务西藏志愿者
——高原上新时代的雷锋

案例呈现：

西藏，这个一提起来就令人神往的地方，这片离天最近的地域，因为它与众不同的自然风光和人文特色，吸引了越来越多的人前往，有人说，一辈子不去一次西藏是一种遗憾。然而当大家都从千里之外长途跋涉来到西藏，怀着玩一玩的心态旅游几日之后，几乎没有人产生过在此久居的想法，因为环境实在太艰苦，稀薄的氧气，炽烈的紫外线，单这两条就足以让诸多内地的游客难以承受，更别提在此久居，甚至工作。但是，就有这样一群年轻人，他们怀着对西部地区的热爱，带着和西藏人民一起迈进现代化的雄心，来到这里，努力工作，一待就是好多年，他们把自己的青春和热情奉献给了西藏人民，用汗水在这片神奇的土地上描画出自己人生绚丽的篇章。他们就是——中国服务西藏青年志愿者，来源于 2011 年开始的"服务西藏专项"志愿活动，该项目是"大学生志愿服务西部计划"中的专项计划，主要是通过青年志愿者的志愿服务来实现对帮扶地区的脱贫攻坚，2014 年，"服务西藏专项"的规模扩容到 2000 人。

每一年，都会有来自全国几十个省区市的上千名"西部计划"西藏专项的志愿者来到西藏，在基础教育、医疗卫生、农牧科技、法律援助、社会治理及文化建设等多个相关领域从事志愿服务活动，用自己的所学为推进西藏的长治久安和长足发展增添新的活力。

当问到这些青春阳光的年轻人为什么会来到西藏时，有的说，是追寻着家人的脚步来的，因为他们也曾是援藏干部；有的说，不想让自己所学停留在书斋，希望将其运用出来，播撒到国家需要的地方去；还有的说，也不知道为什么，就是想做一件让自己不会后悔的事。理由很多，但无论是哪种，他们来到这里的脚步都很坚定。

当问及这些初来乍到的年轻人是否愿意留下来这一问题时，有的说，如果真的能够帮助到西藏人民，会考虑；有的说，因为自己一直特别喜欢这地方，所以会考虑；还有的说，与离开相比较，留下来，说不定会是一个更好的选择。无论如何，至少这些人，不是来旅游的。

而对于一些来西藏已经很久的志愿者，他们对这一问题的回应，或许更加深沉：待得越久，越觉得党和国家的不容易，庆幸自己有这次服务西藏的机会，能够为西藏建设和国家的发展做一点自己可以做的事情，希望自己在离开这片神圣的土地之前，为它"留下一些有价值、有意义的东西"。——这是心声，更是责任。

在这些志愿者中，大多都是从小在幸福中长大，没有经历社会考验和生活磨炼的小青年，他们带着理想和憧憬加入志愿活动，即使有过心理准备，但面对西藏温差大、日出晚、山路多以及风俗、饮食差异大的现实，也仍旧会遭遇心理上的巨大落差，都要经历难以忘怀的艰难蜕变。这是他们成长的开始，也是走向成熟的第一步。

汪艳，通过项目来到西藏林芝，进入林芝市第一中学，成为一名老师，原本容易晕车。在支教一年的时光里，多次进行下乡调研以及开展公益活动，也曾晕得一塌糊涂，多次停车休息，但在活动后看到那一张张晒成高原红的笑脸，觉得"再远再累都是值得的"，因为在大山的深处和山的那一边，有需要她去帮助的人。现在的她，十多个小时车程的盘山路，已经是轻轻松松不在话下了。

为了能够继续留在她所熟悉的三尺讲台，也为了能够看到那些熟悉的笑脸，服务期满之后，她选择了留藏，顺利地通过了留藏考试，再次站到了林芝市第一中学的讲台上。这里将真正成为她的第二故乡。

截至2019年,"服务西藏专项计划"在16年的岁月中,累计向西藏派遣了8000多名的青年志愿者,其中有3000多名在服务期满后选择了扎根西藏就业或创业。通过留藏专项考试和自治区机关事业单位公务人员公开招考而留藏的超过2400人,以人才引进及创新创业方式留藏就业的近50人,选择自主创业的有数百人,而这些留藏的志愿者92%以上是内地的毕业生,他们的绝大部分就业岗位是在西藏各领域的基层。另外还有100多名扎根西藏的志愿者就地安家,组成了民族团结家庭。

现在,"西部计划西藏专项"已经成为西藏引进人才的重要渠道,很多留藏的志愿者们已经开始成长为西藏各领域的骨干和中坚力量。有的成了优秀教师,有的成了知名医生,有的已成长为基层的核心领导干部,还有的成了带领群众脱贫致富的带头人。

他们帮助农牧民改进种植技术,帮助企业提高生产技能,将"互联网+"带进西藏,开设农牧产品网店,设立爱心中转站,陪伴福利院儿童,医治藏族同胞——

据不完全统计,在每年招募的志愿者中,有近三分之一是共产党员,他们怀着"共同富裕"的理想和信念,自愿将自己的青春奉献在艰苦的边疆地区,将自己的热情和汗水挥洒到祖国需要他们的地方,因此,在西藏基层的各条战线上,都能看到这些党员志愿者们不知疲倦、活力无限的奋斗身影。他们与藏族同胞同呼吸、共进退,用深沉的民族大爱,在离天最近的这块土地上,诠释了当代中国青年最纯粹的信仰。①

2019年的7月24日,习近平总书记为中国志愿服务联合会召开的第二届会员大会发来贺信,并希望广大的志愿者和志愿服务组织以及志愿服务工作者们能"立足新时代、展现新作为",用奉献、友爱、互助及进步的志愿精神,在实际行动中书写新时代的雷锋故事。

我们相信,越来越多的青年人会加入这支队伍,在西域高原上续写雷

---

① 以上材料来自全国项目办"西部志愿汇",2019年7月8日。

锋的故事，因为榜样和信仰的力量是无穷的！

教学目标：

1. 通过了解中国最艰苦地方志愿者的行动和心声，帮助大学生扩展人生的视野，看到青春也可以以这样有意义的方式来度过。

2. 帮助大学生意识到在艰苦地区奉献也是人生价值的一种彰显，在艰苦地区扎根更是一种大爱的付出，树立奉献才有价值的择业观。

3. 帮助大学生科学合理地面对自己人生中的得与失，苦与乐，用辩证思维方法看待事物，分析问题。

4. 让学生树立吃得苦才挺得住的吃苦耐劳精神，积极面对人生的困苦。

本案例适用于绪论"时代新人"、第一章"人生的青春之问"第二节"正确的人生观"之一"科学高尚的人生追求"以及之二"积极进取的人生态度"、第五章"明大德守公德严私德"第四节"向上向善、知行合一"之二"参与志愿服务活动"的教学使用。

精神价值分析：

1. 服务西部的志愿精神。雷锋精神是中华民族最为伟大的精神之一，在和平时代的今天，仍有许多需要年轻人伸出援手予以帮助的人们，这些年轻人，用自己的所学和青春，为西藏的孩子和群众带去温暖和关爱，让西藏的群众也能享受到国家改革开放和社会主义发展新成果的同时，也让自己的心灵和情怀得到提升和净化，这是雷锋精神"乐于助人"在新时代的最好体现，是对拜金主义、享乐主义的最好回击，是年轻的大学生应当努力的方向。

2. 将个人前途与国家需要结合起来的使命担当。如今的大学生，在对自己的未来和前途进行谋划的时候，大多考虑的是地区是否发达，企业是否有名，薪水是否满意，找到一个发达地区有着高薪的著名企业，被视为找工作的成功者，迈出了出人头地的第一步。很少有人能考虑国家需要什么，我能做些什么？这类"不现实"的问题，而恰恰是这些问题，能够给大学生在择业时带来清晰的方向。只有将个人前途与国家需要紧密结合起来的职业，才能彰显更大的人生价值，才能带来更大的满足感和成就感，也才能在职业道路上走出自己的精彩。

3. 在最艰苦地区锻炼自己的勇气和坚持。和平时期，社会主义的新时代，总是条件优越的，物资充裕的，这种环境让不少年轻人缺乏吃苦耐劳的精神和品质，也鲜有主动挑战自我，自找苦吃的机会和条件。服务西部的援藏志愿者，并不是每个人都会选择留下来，但所有的人，都有勇气将自己放在一个平时接触不到也感受不到的艰苦地区，感受那种艰难中的坚持。这种经历为所有的援藏年轻人留下宝贵的精神财富。人的一生，总会面临诸多困境和磨难，有了这份坚持，必将为他们在以后的生活工作中提供更多的精神助力。

教学融入设计：

1. 在绪论"时代新人"的介绍中，让学生自己根据书中要求，描述和概括时代新人的几种模样，评述每一种类型身上具有的特质和品质。再学习援藏志愿者的事迹，让学生找出这个群体的哪些品质和精神与"时代新人"相符合，从而探究出"时代新人"的多面体现。

2. 在人生教育中，对于人生追求的理解，以"在西部艰苦落后地区的基层和沿海发达高薪企业之间做选择，你会选择哪一个？为什么？"的问题展开当代大学生普遍对"成功"的理解，继而转向"有一些跟你们一样的大学生，却主动选择了前者，为什么？"探讨这些援藏志愿者的心路历程。通过比较，了解和理解不同选择之间的不同追求，然后让学生学习这些援藏事迹，让学生逐步意识到精神追求的可贵和成功的不同路径。

3. 在挫折观和得失观的教育中，让学生回顾这十几年以来自己成长道路上经历的困苦和艰难，帮助学生总结这些艰难带给自己的收获，然后联系援藏志愿者们的事迹和经历，总结他们的得与失，苦与乐，最后得出"吃得苦，方能挺得住"的观点，让学生直面人生的挫折和困苦，不逃避，不妥协，并努力用辩证思维分析问题和看待事物，避免片面和主观。

4. 在"向上向善、知行合一"的教学中，以"你参与过哪些志愿服务？体会是什么？"为主题进行小组交流，然后推选出代表在班上发言，教师帮助引导，让学生从中得到"奉献光荣""虽苦犹乐""意义重大"等思想启示，帮助塑造积极向上的志愿精神。

问题拓展探究：

1. 你有过投身艰苦地区艰苦岗位的想法吗？当时为什么这么想？现在来看，你如何评价当年的你？

2. 你如果有过某段非常艰难的时期，而现在有一群人，正身处和当年的你同样的困境，你最想对他们说什么？

3. 有很多人，会说这些援藏志愿者是去"镀金"，是去旅游，是虚情假意，即使有真心实意支援西部的志愿者，也是傻子。对此，你怎么看？

相关资料推荐：

1. 手机客户端："西部志愿汇"公众号，2019 年 7 月 8 日。
2. "关于援藏援疆"，中国青年志愿者网。
3. 援藏"志愿者"，扎西德勒，援藏网。

第二部分 02

明纪守法

案例 27：让英雄不再孤独
——见义勇为者的制度保障

案例呈现：

2015年4月的某一天，手持凶器的张某在上海的南京路步行街上行凶，两名路人受伤。此时，正在附近工作的交通协管员方某见状，立即上前，与行凶的张某进行搏斗，试图将其控制，在搏斗的过程中方某的脸部和手部被多次砍伤，面部被拉开一道20厘米长的口子，左侧额头留下一个V字形、长约15厘米的伤口。虽然最终伤口得以愈合，却在面部显眼处留下了难以遮盖的疤痕，正是这些伤疤，给见义勇为的方某带来了诸多生活上的不便和心理上的困扰。为了解决与方某一样的见义勇为者们遭遇的这一问题，不让英雄流血又流泪，上海市见义勇为基金会联合该地一家医疗美容院成立"上海市见义勇为美容救护站"，专门为因见义勇为而遭遇容貌损伤的好人们实施免费的容貌救护，让他们能够在容貌上恢复正常，过上正常人的生活。

在日常的生活中，我们经常会发现，一些见义勇为者在救助过程中往往会遭受身体上的危险和伤害，在救助后往往会因受伤而面临心理上和精神上的巨大压力，有的甚至非常严重，极大地影响了其正常生活，英雄载誉归来后的处境是无尽的尴尬和难堪。可是，原本不应该是这个样子的。见义勇为者们在救助他人的过程中体现的是社会责任的勇于担当和关爱他人的大爱情怀，他们为了他人，往往不惜献出自己的健康甚至生命，是社会正能量中大爱大义大勇的最好诠释。除了在精神上得到应有的肯定和褒奖外，更应当在其以后的生活中予以照顾和关爱，不能只褒奖，不照顾。因此除了在法律层面对这些好人们的事迹进行表彰、奖励之外，还应当以同样的制度和法律对见义勇为者的自身权益和后续生活予以相应的保障，唯有这样，才会有越来越多的人打消顾虑，见义去勇为。

2017年的4月1日，河南省人民政府的法制办公室出台了《河南省奖励和保护见义勇为人员条例（草案征求意见稿）》，向全社会予以公示。该《条例》规定，对于见义勇为人员的奖励及权益保护实行政府"买单"，为见义勇为的人员建立相应档案，对见义勇为人员的医疗保障、生活保障以及就业等相关方面提供帮扶及优待。同年的10月1日，我国的《民法总则》正式实施。在总则的第183条里，明确规定了：因为保护他人的民事权益而使自己受到损害的，其损害"由侵权人承担民事责任"，并且受益人也可以给予适当的补偿。在没有侵权人或者侵权人逃逸又或者侵权人无力承担民事责任的情况下，受害人请求补偿，相关的受益人应当给予救助人适当的补偿。在第184条中，又为救助者因紧急施救而无意间对受助人造成的损害进行了责任豁免的规定。2020年5月28日，在第十三届全国人大的第三次会议上通过的我国首部民法典，将此规定予以吸纳和吸收。自此好人做好事，见义而勇为可能遭遇的尴尬和困扰终于有了国家层面的相关规定，用法律来对这些好人们的权利予以有力地保护和保障，是法治时代弘扬见义勇为精神的最好方式。

从地方立法再到国家立法，见义勇为者们的权利一步一步地被置身于法律强大的保障之下，他们的后顾之忧，从而激励更多人致力于维护正义。

因为难能，所以可贵，见义勇为者的壮举之所以被人称赞和颂扬，就是因为救助本身充满着诸多不可预知的风险和危险，而他们舍己救人的行为恰恰是这个社会所需要的，保障这些勇者们权利的制度，体现出社会价值导向的强度。通过法律法规约束机制及保障机制的建立健全，才能让勇士流血不流泪，才能让公众见义而勇为，社会正义才能弘扬起来。①

教学目标：

1. 通过此案例，让学生意识到见义勇为是弘扬社会正能量，是社会鼓励和赞赏的一种助人方式。

2. 通过此案例让学生明白在见义勇为的过程中会有一定的风险和代价，国家和社会正在通过法律和制度来减少这些风险和代价，保护"英雄"。

3. 通过此案例，让学生减少担忧和顾虑，在他人需要的时候勇于挺身而出，保护他人。

此案例适用于教材第一章"人生的青春之问"第三节"创造有意义的人生"之一"辩证对待人生矛盾"、第三章"弘扬中国精神"第二节"爱国主义及其时代要求"之一"爱国主义的基本内涵"、第五章"明大德守公德严私德"第三节"遵守公民道德准则"之二"社会公德"、第六章"尊法学法守法用法"第二节"以宪法为核心的中国特色社会主义法律体系"之二"我国的实体法律部门"的教学使用。

精神价值分析：

1. 善良和正义需要被唤醒。对于大多数普通人而言，见义勇为因为风险的不可控，属于一种冒险行为，并且其本身并不是一件非做不可的义务之事。但尽管如此，在我们的生活中，仍旧会看到一个又一个在危急关头挺身而出的身影，我们一次又一次地被这些身影所感动，说明，在我们的生活里正义从来没有缺失，在我们的心里，正义感也从来没有泯灭。我们需要这些见义勇为者，我们更应当成为见义勇为者。以法律的形式明确奖励和权利保障，既是对见义勇为行为的肯定，也是对勇士善良与勇敢的行

---

① 以上资料参考自超星教学资源库。

为的颂扬，更是通过激励将"好人有好报"的理想拉进现实，照进人心，让原本不是义务的救助行为，变成一种责任和荣耀。无论是国家层面的权利保障，还是地方政府的损失买单，都有利于唤醒沉默着的大多数，让每一个人在危急之下都能遇到好人，让每一个心怀善意的好人都能成为勇士，构建起见贤思齐的社会风尚。

2. 顾虑需要消除，好人需要保护。见义勇为彰显的是社会正能量，是一种美德与善行，是社会期待的高尚行为，是人类文明的大爱之举，也是中国的社会制度着力塑造的社会价值观。当前，大多数人面对义举，会在顾虑中停步，老人倒地了，会担心扶起时遭遇"碰瓷"；孩子遇险了，会顾虑救起后被讹诈。这一系列的社会现实问题，不是单纯的道德引导就能解决的，既需要完善的诚信机制，也离不开强有力的法治支持。用制度和司法为这些见义勇为者们保驾护航，才能消除普通人挺身而出时的顾虑和扶危济困后的尴尬，善行得到奖赏，善意得到呵护，善良才会得到弘扬。

3. 正义需要弘扬。每一位见义勇为者的身上，总有一种力量和精神，感动我们的同时也在激励着我们，感染我们。出身也许很贫寒，生活也许很普通，压力也许也很大，却在危难关头做出了不普通的选择。面对犯罪分子时的大义凛然、面对百姓危急时的舍生取义，让这些原本默默无闻的普通群众，在那一瞬间散发出无比耀眼的人性光芒，凡人善举呈现出了人间真情。他们的身上，体现了乐于奉献的精神风貌，体现了人民利益至上的高尚情怀，是社会主义核心价值观的践行者和诠释者，是中华民族传统美德的弘扬者。正义就需要越来越多的人去彰显和弘扬，人类才能向着更文明的方向前进。

教学融入设计：

1. 在人生观之人生矛盾的教学中，让学生以小组为单位用案例来分析见义勇为者们在救人过程中面临的生与死，以及救人之后的得与失，剖析社会中不敢挺身而出和勇于挺身而出两类人群的心路历程，找出影响救人和助人的最大障碍，探寻解决这一问题，弘扬社会正能量的基本路径。

2. 在爱国教育之"爱自己的同胞"或者"社会公德"之"乐于助人"的内容教授中，让学生以"怎样才算爱？"为主题，罗列出基本的关爱和助人方式，然后让学生选择自己最愿意的几种方式和最不愿意的几种方式，阐述各自的理由。教师做出引导，点明大家最不愿意的方式也许是所有人最渴望和最需要的方式，并以此案例为基础，阐明社会对这些方式的尊崇和保护力度，以此激发学生关爱同胞的力度和热情。

3. 在实体法之民法的教学中，以此案例为基础，让学生分析见义勇为者面临的风险和顾虑，思考需要什么样的法律保护，然后引出民法典的相关条款，阐明法律本身的价值取向。

问题拓展探究：

1. 当你遇见关系生命财产的紧急情况而自己无力自救时，你最想要的是什么？

2. 为什么明明知道会有危险，还是有那么多见义勇为者挺身而出？

3. 如果有人问："既然好人没有好报，为什么还要当一个好人？"你怎么回答？

相关资料推荐：

1. 国务院办公厅转发《关于加强见义勇为人员权益保护的意见》，新华网，2012年7月26日。

2. 最高奖励100万元充分保障见义勇为，中国青年报，2020年6月3日。

3. 将保安等纳入见义勇为范畴，回归了人性和常识，正义网，2020年6月3日。

4. 身边好人专栏，中国文明网。

5. 人民日报人民时评：公正司法让见义勇为更有底气，人民网，2020年1月15日。

6. 中华见义勇为基金会，中华见义勇为基金会，中国青年网，2018年3月12日。

7. 大力弘扬见义勇为精神培育社会主义核心价值观为实现伟大中国梦汇聚强大正能量，平安南皮，2017年4月27日。

案例28：《英烈保护法》
——以法律捍卫英烈尊严

案例呈现：

无论在什么时代，无论是哪个国家或民族，都需要有一批彰显本国和本民族精神的人物，他们呈现出该国家和该民族的精神风貌，激励着自己所在的群体努力前行。在中国几千年的岁月中，从来都不缺少这类人物，是他们，在危难时刻挺身而出，去护卫那些芸芸众生；是他们，浴血奋斗，为百姓挣来生存的机会；是他们，在那些几乎被人遗忘的角落和岗位上默默坚守，为民众换来和平与安全，这些人，被称为英雄或烈士。他们的事迹和精神，永远都是一个国家和民族奋力前行的动力，应该受到这个国家和民族的尊崇与敬畏。

但是近年来出现了一些侮辱英雄烈士并伤害民族感情的行为，如在纪念英烈的设施上刻字涂污甚至损害；攀爬英烈雕像照相；在烈士陵园及其他革命纪念场所跳广场舞；在网络上以调侃、恶搞、戏说等方式对待英雄烈士，甚至对英烈们进行辱骂、恶意诋毁和散布谣言予以中伤。这些行为不仅是对英雄烈士名誉权的一种侵害，更直接伤害了公众的民族和历史情感，严重地损害了社会的公共利益。亟待得到有力地解决。

2016年2月22日，作为"狼牙山五壮士"中两位英烈的后代，葛振林的儿子葛长生以及宋学义的儿子宋福保一起致信全国人大，希望能够尽快制定出"英烈名誉保护法",为那些在民族解放中做出杰出贡献的英雄先烈们提供法律上的保护,让他们不受任何组织及个人的玷污、侮辱和诽谤,维护他们的名誉。

2018年4月27日,在第十三届全国人大常委会的第二次会议上,《中华人民共和国英雄烈士保护法》(以下简称《英烈保护法》)获得全票通过。该法规定,英雄烈士的姓名、肖像和名誉、荣誉均受到法律保护,禁止任何歪曲、丑化、亵渎和否定英雄烈士事迹和精神的行为,同时也禁止任何宣扬以及美化侵略战争和侵略行径的行为,否则将依法惩处直至追究刑事责任。

该法的具体内容如下:

第一条 为了加强对英雄烈士的保护,维护社会公共利益,传承和弘扬英雄烈士精神、爱国主义精神,培育和践行社会主义核心价值观,激发实现中华民族伟大复兴中国梦的强大精神力量,根据宪法,制定本法。

第二条 国家和人民永远尊崇、铭记英雄烈士为国家、人民和民族作出的牺牲和贡献。

近代以来,为了争取民族独立和人民解放,实现国家富强和人民幸福,促进世界和平和人类进步而毕生奋斗、英勇献身的英雄烈士,功勋彪炳史册,精神永垂不朽。

第三条 英雄烈士事迹和精神是中华民族的共同历史记忆和社会主义核心价值观的重要体现。

国家保护英雄烈士,对英雄烈士予以褒扬、纪念,加强对英雄烈士事迹和精神的宣传、教育,维护英雄烈士尊严和合法权益。

全社会都应当崇尚、学习、捍卫英雄烈士。

第四条 各级人民政府应当加强对英雄烈士的保护,将宣传、弘扬英雄烈士事迹和精神作为社会主义精神文明建设的重要内容。

县级以上人民政府负责英雄烈士保护工作的部门和其他有关部门应当依法履行职责,做好英雄烈士保护工作。

军队有关部门按照国务院、中央军事委员会的规定,做好英雄烈士保护工作。

县级以上人民政府应当将英雄烈士保护工作经费列入本级预算。

第五条 每年9月30日为烈士纪念日，国家在首都北京天安门广场人民英雄纪念碑前举行纪念仪式，缅怀英雄烈士。

县级以上地方人民政府、军队有关部门应当在烈士纪念日举行纪念活动。

举行英雄烈士纪念活动，邀请英雄烈士遗属代表参加。

第六条 在清明节和重要纪念日，机关、团体、乡村、社区、学校、企业事业单位和军队有关单位根据实际情况，组织开展英雄烈士纪念活动。

第七条 国家建立并保护英雄烈士纪念设施，纪念、缅怀英雄烈士。

矗立在首都北京天安门广场的人民英雄纪念碑，是近代以来中国人民和中华民族争取民族独立解放、人民自由幸福和国家繁荣富强精神的象征，是国家和人民纪念、缅怀英雄烈士的永久性纪念设施。

人民英雄纪念碑及其名称、碑题、碑文、浮雕、图形、标志等受法律保护。

第八条 县级以上人民政府应当将英雄烈士纪念设施建设和保护纳入国民经济和社会发展规划、城乡规划，加强对英雄烈士纪念设施的保护和管理；对具有重要纪念意义、教育意义的英雄烈士纪念设施依照《中华人民共和国文物保护法》的规定，核定公布为文物保护单位。

中央财政对革命老区、民族地区、边疆地区、贫困地区英雄烈士纪念设施的修缮保护，应当按照国家规定予以补助。

第九条 英雄烈士纪念设施应当免费向社会开放，供公众瞻仰、悼念英雄烈士，开展纪念教育活动，告慰先烈英灵。

前款规定的纪念设施由军队有关单位管理的，按照军队有关规定实行开放。

第十条 英雄烈士纪念设施保护单位应当健全服务和管理工作规范，方便瞻仰、悼念英雄烈士，保持英雄烈士纪念设施庄严、肃穆、清净的环境和氛围。

任何组织和个人不得在英雄烈士纪念设施保护范围内从事有损纪念英雄烈士环境和氛围的活动，不得侵占英雄烈士纪念设施保护范围内的土地和设施，不得破坏、污损英雄烈士纪念设施。

第十一条　安葬英雄烈士时，县级以上人民政府、军队有关部门应当举行庄严、肃穆、文明、节俭的送迎、安葬仪式。

第十二条　国家建立健全英雄烈士祭扫制度和礼仪规范，引导公民庄严有序地开展祭扫活动。

县级以上人民政府有关部门应当为英雄烈士遗属祭扫提供便利。

第十三条　县级以上人民政府有关部门应当引导公民通过瞻仰英雄烈士纪念设施、集体宣誓、网上祭奠等形式，铭记英雄烈士的事迹，传承和弘扬英雄烈士的精神。

第十四条　英雄烈士在国外安葬的，中华人民共和国驻该国外交、领事代表机构应当结合驻在国实际情况组织开展祭扫活动。

国家通过与有关国家的合作，查找、收集英雄烈士遗骸、遗物和史料，加强对位于国外的英雄烈士纪念设施的修缮保护工作。

第十五条　国家鼓励和支持开展对英雄烈士事迹和精神的研究，以辩证唯物主义和历史唯物主义为指导认识和记述历史。

第十六条　各级人民政府、军队有关部门应当加强对英雄烈士遗物、史料的收集、保护和陈列展示工作，组织开展英雄烈士史料的研究、编纂和宣传工作。

国家鼓励和支持革命老区发挥当地资源优势，开展英雄烈士事迹和精神的研究、宣传和教育工作。

第十七条　教育行政部门应当以青少年学生为重点，将英雄烈士事迹和精神的宣传教育纳入国民教育体系。

教育行政部门、各级各类学校应当将英雄烈士事迹和精神纳入教育内容，组织开展纪念教育活动，加强对学生的爱国主义、集体主义、社会主义教育。

第十八条　文化、新闻出版、广播电视、电影、网信等部门应当鼓励和支持以英雄烈士事迹为题材、弘扬英雄烈士精神的优秀文学艺术作品、广播电视节目以及出版物的创作生产和宣传推广。

第十九条　广播电台、电视台、报刊出版单位、互联网信息服务提供者，应当通过播放或者刊登英雄烈士题材作品、发布公益广告、开设专栏等方式，广泛宣传英雄烈士事迹和精神。

第二十条　国家鼓励和支持自然人、法人和非法人组织以捐赠财产、义务宣讲英雄烈士事迹和精神、帮扶英雄烈士遗属等公益活动的方式，参与英雄烈士保护工作。

自然人、法人和非法人组织捐赠财产用于英雄烈士保护的，依法享受税收优惠。

第二十一条　国家实行英雄烈士抚恤优待制度。英雄烈士遗属按照国家规定享受教育、就业、养老、住房、医疗等方面的优待。抚恤优待水平应当与国民经济和社会发展相适应并逐步提高。

国务院有关部门、军队有关部门和地方人民政府应当关心英雄烈士遗属的生活情况，每年定期走访慰问英雄烈士遗属。

第二十二条　禁止歪曲、丑化、亵渎、否定英雄烈士事迹和精神。

英雄烈士的姓名、肖像、名誉、荣誉受法律保护。任何组织和个人不得在公共场所、互联网或者利用广播电视、电影、出版物等，以侮辱、诽谤或者其他方式侵害英雄烈士的姓名、肖像、名誉、荣誉。任何组织和个人不得将英雄烈士的姓名、肖像用于或者变相用于商标、商业广告，损害英雄烈士的名誉、荣誉。

公安、文化、新闻出版、广播电视、电影、网信、市场监督管理、负责英雄烈士保护工作的部门发现前款规定行为的，应当依法及时处理。

第二十三条　网信和电信、公安等有关部门在对网络信息进行依法监督管理工作中，发现发布或者传输以侮辱、诽谤或者其他方式侵害英雄烈士的姓名、肖像、名誉、荣誉的信息的，应当要求网络运营者停止传输，采取消除等处置措施和其他必要措施；对来源于中华人民共和国境外的上述信息，应当通知有关机构采取技术措施和其他必要措施阻断传播。

网络运营者发现其用户发布前款规定的信息的，应当立即停止传输该信息，采取消除等处置措施，防止信息扩散，保存有关记录，并向有关主管部门报告。网络运营者未采取停止传输、消除等处置措施的，依照《中华人民共和国网络安全法》的规定处罚。

第二十四条　任何组织和个人有权对侵害英雄烈士合法权益和其他违反本法规定的行为，向负责英雄烈士保护工作的部门、网信、公安等有关部门举报，接到举报的部门应当依法及时处理。

第二十五条　对侵害英雄烈士的姓名、肖像、名誉、荣誉的行为，英雄烈士的近亲属可以依法向人民法院提起诉讼。

英雄烈士没有近亲属或者近亲属不提起诉讼的，检察机关依法对侵害英雄烈士的姓名、肖像、名誉、荣誉，损害社会公共利益的行为向人民法院提起诉讼。

负责英雄烈士保护工作的部门和其他有关部门在履行职责过程中发现第一款规定的行为，需要检察机关提起诉讼的，应当向检察机关报告。

英雄烈士近亲属依照第一款规定提起诉讼的，法律援助机构应当依法提供法律援助服务。

第二十六条　以侮辱、诽谤或者其他方式侵害英雄烈士的姓名、肖像、名誉、荣誉，损害社会公共利益的，依法承担民事责任；构成违反治安管理行为的，由公安机关依法给予治安管理处罚；构成犯罪的，依法追究刑事责任。

第二十七条　在英雄烈士纪念设施保护范围内从事有损纪念英雄烈士环境和氛围的活动的，纪念设施保护单位应当及时劝阻；不听劝阻的，由县级以上地方人民政府负责英雄烈士保护工作的部门、文物主管部门按照职责规定给予批评教育，责令改正；构成违反治安管理行为的，由公安机关依法给予治安管理处罚。

亵渎、否定英雄烈士事迹和精神，宣扬、美化侵略战争和侵略行为，寻衅滋事，扰乱公共秩序，构成违反治安管理行为的，由公安机关依法给予治安管理处罚；构成犯罪的，依法追究刑事责任。

第二十八条　侵占、破坏、污损英雄烈士纪念设施的，由县级以上人民政府负责英雄烈士保护工作的部门责令改正；造成损失的，依法承担民事责任；被侵占、破坏、污损的纪念设施属于文物保护单位的，依照《中华人民共和国文物保护法》的规定处罚；构成违反治安管理行为的，由公安机关依法给予治安管理处罚；构成犯罪的，依法追究刑事责任。

第二十九条　县级以上人民政府有关部门及其工作人员在英雄烈士保护工作中滥用职权、玩忽职守、徇私舞弊的，对直接负责的主管人员和其他直接责任人员，依法给予处分；构成犯罪的，依法追究刑事责任。

第三十条　本法自2018年5月1日起施行。①

就在5月1日开始施行的第一天，河北张家口市怀来县检察院展开专项行动，对县内的烈士陵园和董存瑞纪念馆以及网上的相关信息进行了突击检查，结果发现，县内的烈士陵园没有对社会公众开放，网站中也依然存在大量的诋毁董存瑞英雄形象的相关信息，存在明显的违法行为。第二天，怀来县检察院依法提起了英雄烈士保护的公益诉讼，在诉前程序中，向怀来县民政局及公安局发出了检察建议及要求，民政局要立即开放烈士陵园，供公众前来瞻仰和悼念；公安局要会同相关部门彻底删除那些诋毁、歪曲、丑化及亵渎董存瑞英雄形象的网络相关信息。

无独有偶，就在《英烈保护法》正式实施之后，作为网络自媒体的"暴走漫画"视法律于不顾，利用网络平台，公然发布了一段以恶搞并丑化叶挺烈士的《囚歌》以及董存瑞烈士的视频，引起了网友的强烈谴责和极大愤慨。5月24日，叶挺将军的后人向法院提起诉讼，希望通过法律的手段对那些公然亵渎英烈的责任人"起到威慑和警示作用"，这是烈士后代通过法律方式起诉侵权的第一案，9月28日，该案在西安市雁塔区法院宣判，判决要求被告在国家级的新闻媒体上进行公开道歉，在消除因侵权行为所造成的不良社会影响的同时，向原告支付10万元的精神抚慰金。这

---

① 《中华人民共和国英雄烈士保护法》，中国人大网，2018年4月27日。

是《英烈保护法》施行以来,第一次由英烈家属作为原告来起诉侵权者进行法律维权。

正在该案进行认真审理的时候,又有一所高校无视法律,公然践踏法律尊严,在官方微博上发布了一条以调侃并侮辱邱少云、黄继光及董存瑞等烈士的消息。9月28日,石家庄网警与辖区民警一起来到涉事学校,在学校配合下,将违法嫌疑人依法传唤到公安机关接受调查并作出了严肃处理。

《英烈保护法》的初衷不仅仅为了惩治,更是希望通过惩治和威慑来为保护英烈的应有权益和弘扬英烈精神提供应有的法律保障。该法不仅对保护和管理英烈纪念设施、抚恤抚慰和优待英烈以及宣传英烈事迹和精神等方面作出了规定,还设立了"英雄纪念日",也就是每年的9月30日,国庆节的前一天。希望所有的民众都能够在欢度国庆,为新中国的伟大而自豪高兴的时候,能够提前想一想,我们之所以有今天,是因为有这些英烈们的付出和牺牲,我们没有理由对他们不敬重。

教学目标:

1. 通过此案例,让学生意识到历史英雄对于一个民族发展的重要性,树立起尊重历史、崇敬英雄的正确价值观和历史观。

2. 通过此案例,让学生理解法治对于弘扬民族精神的重要意义和价值,树立起法治的底线思维。

3. 通过此案例,培养学生自觉抵制和批判"历史虚无主义"和诋毁英雄的意识,增强他们的辨别和批判能力。

此案例适用于教材第三章"弘扬中国精神"第一节"中国精神是兴国强国之魂"之二"中国精神是民族精神和时代精神的统一"、第二节"爱国主义及其时代要求"之二"新时代的爱国主义"、第四章"践行社会主义核心价值观"第三节"做社会主义核心价值观的积极践行者"之二"勤学修德明辨笃实"、第五章"明大德守公德严私德"第二节"吸收借鉴优秀道德成果"之二"发扬中国革命道德"、第六章"尊法学法守法用法"

第五节"培养法治思维"之三"怎样培养法治思维"的教学使用。

精神价值分析：

1. 关爱英雄，才能保存我们的精神财富。没有英雄的民族是极其悲哀的，有了英雄而不去守护和弘扬是极其愚蠢的，有了英雄再去进行诋毁和亵渎，则是无论如何都难以原谅的。当一个国家的英烈们可以被肆意诽谤的时候，其彰显出的历史价值和意义也将会在怀疑与扭曲中消失。习近平总书记曾经指出，要想实现我们的目标，就需要英雄和英雄精神，对一切为了中华民族及中国人民做出过贡献的英雄们，我们要一定要铭记，只有崇尚英雄，捍卫英雄，学习并关爱英雄，英雄才不会在我们的时代消失。英雄烈士的事迹及精神是我们这个民族共同的历史记忆和宝贵财富，是我们党领导中国各族人民近百年来不懈奋斗的伟大历程的缩影，是中华民族可歌可泣英雄史诗的代表，更是实现民族伟大复兴的精神动力。

2. 保护英雄，才能保护我们曾经的历史。历史是不容篡改和抹去的，然而近年来，一些人打着"学术自由"或"还原历史"或"探究细节"的幌子，在网络上或期刊文章中歪曲历史，特别是近现代的中国历史，丑化、贬损、质疑、诋毁英雄烈士的行为屡次出现，试图打倒这些英雄烈士的偶像形象，试图击碎中国人的精神和信仰，试图抹杀中国人民的艰难革命史和建设史，来达到最终否认中国共产党的领导和中国社会主义道路的目的，这是典型的历史虚无主义。错误的思潮和观点会不断袭扰民众的视野，最后带来思想的混乱，因此，保护英雄，才能保护我们的历史，捍卫我们的尊严和成果，抵御住历史虚无主义的侵袭。通过制定对英雄烈士予以保护的法律法规，既是维护英烈权利和社会公共利益的必要措施，是法治时代的必然选择，也是建设社会主义意识形态，弘扬核心价值观的内在要求，更是巩固中国发展的现有成果和坚定基本道路与制度的现实需要。

3. 以法来护情，保护才更有力度。法律作为一种社会秩序的调节手段，其主要方式是对人们进行行为底线和活动边界进行确立和划分，以保证公共利益和大多数人的利益不会被损害。在社会舆论、道德和文化教育等其他手段无法获得预期效果的时候，底线的确立和划分就显得尤为必要，因为它的强制性，可以保证利益的基本维护。《英烈保护法》的相关规定，除了维护英烈们的个人权利之外，更多保障的是社会公众的集体精神利益。该法捍卫的是广大人民对英雄烈士的尊崇和缅怀之情，守护的是民族的尊严和历史的尊严，彰显的是我们所需要的价值导向。通过构筑维护英烈权益的"铜墙铁壁"，让英雄烈士的事迹和精神能够人人尊崇，并代代相传，民族才能在精神上生生不息。因此，保护英烈，既需要道德底线，也需要法律红线，只有法治与德治相得益彰，才能人心润，天下安。

教学融入设计：

1. 在爱国教育中，让学生以小组为单位思考并整理弘扬民族精神的基本方式和途径，班级交流时教师以此案例为基础，帮助分析为什么这些方式能够起到弘扬民族精神的效果。之后学生对这些方式在当前出现的问题进行归纳，并寻找出如何解决和避免的对策。

2. 在社会主义核心价值观的教学中，对于国家层面的"爱国"，让学生阐述自己的理解并列举正向的爱国表现。之后让学生列举哪些是不爱国的表现以及这些行为的危害后果，教师在学生提出怎么对待和处理的基础上引入此案例。

3. 在道德观之"明大德"的教学中，对于什么是"大德"？怎样才算"明大德"？让学生以此案例进行深入分析，教师做引导，将"大"与民族、历史、国家的发展联系起来。

4. 在法治教育中，让学生结合"明大德"的措施以及违反基本道德的对策来思考：如果道德约束不了，怎么办？让学生将"德治"与"法治"结合起来领会"德法兼治"的意义和价值。在法治思维内容中，对于普通群众怎样树立法治思维这一问题，让学生结合此案例增强对"学法"重要性的理解和认识。

问题拓展探究：

1. 你认为那些逝去的先烈们跟你有什么关系？

2. 你去过哪些革命纪念场所？印象深刻的是哪里？

3. 你认为历史对于一个民族有什么样的意义？

4. 近几年来，国家高度重视英雄烈士、革命军人以及为国家做出过重大和突出贡献的人，你知道的活动有哪些？国家为什么这么做？

相关资料推荐：

1.《中华人民共和国英雄烈士保护法》，中国人大网，2018年4月27日。

2. 最高法：去年审结英烈保护公益诉讼案件22件，澎湃新闻，2020年5月25日。

3. 河北检察机关提起全国首例英烈保护公益诉讼，检察日报，2018年5月3日。

4. 全国首例英烈保护公益诉讼案告终：捍卫英烈权益是公民应尽之责，慈善公益报，2018年6月26日。

5.《英烈保护法》亮剑网络"恶搞"叶挺后人提起诉讼，人民日报，2018年9月27日。

案例29：孙志刚案——宪法具有至上性

案例呈现：

2003年的3月17日晚，在广州某公司工作的湖北青年孙志刚在前往网吧的路上遇到警察巡查，因为无法出示暂住证而被警察送到广州市的"三无"人员收容遣送中转站收容，该站专门收容那些没有身份证，没有暂居证以及用工证明的外来人员。第二天，孙志刚被该中转站送到另一家收容人员救治站。在这家救治站里，孙志刚遭到了工作人员及其他收容人员的多次野蛮殴打，于3月20日死于这家救治站。

事件发生后，广东省和广州市立即成立联合调查组，对此案展开全面调查。省、市两级公安机关也随即成立了联合专案组，展开对案件的侦破工作。截至2003年5月12日，李文星等8名涉嫌对孙志刚进行殴打的人员已被抓获，而救治站护工乔燕琴等5名涉嫌指使殴打的人员也已被抓捕归案。与此同时，检察机关也对涉嫌渎职犯罪的相关人员进行了立案侦查，包括收容救治站的负责人，也是事发当晚的值班医生彭红军，和当晚的值班护士曾伟林，以及天河区黄村街派出所的民警李耀辉等。

2003年6月27日，广东省高院对此案作出了终审判决，因犯故意伤害罪，救治站护工乔燕琴被判处死刑，被收容人员李海婴被判处死刑，缓期二年执行，被收容人员钟辽国被判处无期徒刑，而参与殴打和指使殴打的其他9名被告人也分别被判处不同的刑期。

与此同时，市公安局、卫生局、民政局以及天河区、白云区的纪委和监察局也对此案件中的有关责任人员进行了包括开除党籍、留党察看、撤销行政职务、行政记大过等在内的党和行政违纪处分。受到处分的人员中，市公安系统人员有12名，市卫生系统有3名，市民政系统有5名。①

因为此次事件中身亡的受害者孙志刚，其身份不是流浪者而是大学生，因而事件一经报道，产生了极大的社会影响。随着该事件的升温，许多同类性质的案件也纷纷被披露，社会舆论的焦点开始转向对收容遣送制度的合理性讨论，一些学者尤其是法学界学者也纷纷从自己的研究领域发声，希望国家能够在这方面有更多的法治进步。

就在孙志刚案正在审理过程中的时候，5月14日，来自华中科技大学、中国政法大学及北京邮电大学法学院的三名法学博士向全国人大常委会递交了对现行的《城市流浪乞讨人员收容遣送办法》进行审查的建议书，认为该办法中有一些限制公民人身自由的条款，与宪法和有关的法律相抵触，应当予以撤销。5月23日，又有5位著名的法学家以中国公民的名义向全国人大常委会联合上书，希望就孙志刚案以及所涉及的收容遣送制度的实施状况启动特别调查程序。

在媒体及学界的关注下，2003年6月18日，国务院在第12次常务会议上通过了《城市生活无着的流浪乞讨人员救助管理办法》，同时废止了1982年5月发布的《城市流浪乞讨人员收容遣送办法》。从收容变为救助，职责上有了新的调整和变化，对公民权利的保护获得了法律上的支持，对相关单位和个人的职责监管也在法律上进行了明确。

孙志刚事件通过媒体发挥了舆论监督的功能，进而推动国务院废除了有违宪法精神和规定的条例，彰显了"人民利益至上"的宪法精神，同时也凸显了宪法作为国家根本大法的核心地位，是保护公民权利的著名案例。

---

① 以上材料转引自360百科"孙志刚事件"。

教学目标：

1. 通过介绍案件经过和结果，以及引发的法治思考，让学生意识到宪法的地位和最高权威，深刻理解"宪法是母法"的内在含义。

2. 通过教师引导分析，让学生明白任何法律都有不完善的一面，意识到"法治永远在路上"所反映出来的法治艰难性。

3. 通过教师引导分析，帮助学生树立"社会主义法律为人民"的基本理念，改变"法即刑罚"的不正确的法治观。

本案例适用于第六章"尊法学法守法用法"第一节"社会主义法律的特征和运行"之二"我国社会主义法律的本质特征"、第二节"以宪法为核心的中国特色社会主义法律体系"之一"宪法是国家的根本法"、第四节"坚持走中国特色社会主义法治道路"之四"坚持依法治国和以德治国相结合"、第五节"培养法治思维"之三"怎样培养法治思维"的教学使用。

精神价值分析：

1. 宪法拥有至上性。我国已经建立起了社会主义法制体系，但在这林林总总各类别各领域的法律丛林中，始终需要有一个核心和主导，而宪法是我国的根本大法，是社会主义法律体系的核心，是"母法"和上位法，具有至上性，所有的法律法规都应依据宪法来确定，不能有违背宪法精神和宪法规定的情况存在。宪法规定的公民的最基本的权利应当受到最大的维护和保障。

2. 维护和保障人民权利是法律完善的最终落脚点。任何法律由于其本身具有的滞后性，总是会有一些真空地带以及规定不完善的地方，甚至也会出现与现实相矛盾的情况，此时就需要站在法律精神的高度，尤其是宪法精神的高度，从大方向上把握，灵活处理问题。宪法作为我国的根本大法，其核心是为了保障和维护最广大人民的根本利益，宪法至上也就意味着人民至上，因此，无论是立法者，还是司法者，都需要站在人民的立场，多一点服务意识和人文情怀，将维护和保障广大人民的根本利益作为完善法律的最终落脚点，才能体现"社会主义法律为人民"的导向，才能体现"为人民服务"的宗旨和社会主义制度的本色。

3. 中国推动"全面依法治国"的决心是坚定的。尽管在推行法治的过程中，会遭遇这样那样的困难，包括法律规定之间的自相矛盾和真空，以及对法律理解的多样，但中国在法治的道路上不会止步，更不会停歇，完善社会主义法制体系，永远是我们要做的工作，对于更好地维护和保障人民权利，则是社会主义法治永远的目标和追求。中国共产党以及中央政府对此的态度是坚定的。

教学融入设计：

1. 在讲授社会主义法制体系中各个法律部门的关系时，对于宪法的"母法"地位如何理解，让学生列举几个主要表现。然后教师引导思考"有没有可能其他法律与宪法精神相违背的呢？"，让学生分析什么情况下会出现法律之间的相互冲突，让学生理解法律不完备的根源。接着沿着"怎么办？"的路径通过寻找解决办法来体现宪法的至上性。在理论分析结束后，简要概括该案件的经过和结果，来实现理论和现实的结合。

2. 在"社会主义法律性质"的内容教授中，让学生梳理社会主义法律"人民性"的几大体现。当学生提出现实的质疑时，以该案件为例，来阐述法治的不断完善性和"为人民"的最终取向。

3. 在"法治思维"之"维权意识"的讲授中，以"如果现行的法不完善，甚至非良法，我们如何维权？"为假设，让学生思考维权的方式并集体交流。对不合法的、非正常的维权途径和方式，教师要做出明确的评价和引导。可以在引导思考的过程中，以该案件为例，最后回归到宪法精神上，让学生树立一种意识，就是要"在法治的框架内解决一切问题，包括法治本身的问题"。

问题拓展探究：

1. 为什么要有宪法？宪法的功能和作用是什么？

2. 你了解现行宪法吗？它经历了几次修订，为什么要修订？

3. 你知道的宪法精神有哪些？

相关资料推荐：

1. 《中华人民共和国宪法修正案》（2018）。

2. 周叶中主编：《宪法》，高等教育出版社，北京大学出版社，2000年。

3. 孙志刚事件，360百科。

4. 徐崇德：《中华人民共和国宪法史》，福建人民出版社，2005年。

5. 孙志刚案，是谁在"装聋作哑"？人民网，2003年5月4日。

6. 从孙志刚案看有关收容的法规违反《立法法》，人民网，2003年6月8日。

案例30：十八大以来的反腐成绩
——把权力关进制度的笼子

案例呈现：

在2017年10月召开的党的十九大会议上，对中国反腐败斗争的形势予以了判断，认为中国当时的反腐败斗争已成"压倒性态势"并在巩固发展中，而在一年后的12月13日召开的中央政治局会议上，对我国反腐败斗争形势的最新判断则是，取得"压倒性胜利"。从"压倒性态势"的形成到"压倒性胜利"的取得，标志着我国的反腐败斗争成果正由量的积累迈向质的飞跃。

那么，这样令人欣喜的反腐败斗争胜利究竟是如何形成的呢？跟我们党坚决而又坚定地执行一系列反腐举措有直接的关系，中国共产党为了保持自身的纯洁性和先进性，除了坚持理论学习，从思想上和头脑上予以武装之外，还从制度上、组织上予以规范和约束，加快制度建设，誓要将权力关进制度的"笼子"，对存在的腐败行为实行"零容忍"，对腐败分子严惩不贷，对自身存在的问题刮骨疗伤，规模之大、范围之广、要求之严、决心之坚，是近几十年从来没有过的，在党的历史上也是极为罕见的。

1. "打虎"零容忍——70多名中管干部被审查调查

在党的十九大报告中，曾出现了3个"坚持"，即要"坚持无禁区、全覆盖、零容忍"，"坚持重遏制、强高压、长震慑"，"坚持受贿行贿一起查"，这三个"坚持"指出了中国反腐败工作的原则与方向。

2017年11月21日，中央纪委发布了"中央宣传部原副部长鲁炜因涉嫌严重违纪而被审查"的消息，两天之后，辽宁省副省长刘强也随即被查，此时距离十九大闭幕还不到一个月的时间，三天打两虎，节奏如此之快，再次向社会释放出中国共产党"打虎"零容忍的姿态和反腐败斗争一刻不停歇的强烈信号。

2018年，在十九届中央纪委的二次全会上，明确强调了要聚焦那些十八大以来不收手、不收敛的领导干部，要对政治、经济问题交织的利益集团的腐败案件要进行重点查处，要着力解决如选人用人、审批监管以及资源开发和金融信贷等重点领域和关键环节存在的腐败问题。

在猛烈的反腐打击下，一大批身居高位，手握实权却腐化变质的"大老虎"纷纷倒下，在这批名单中，我们看到有：王晓林——国家能源局的原副局长，王晓光——贵州省委的原常委和副省长，赖小民——中国华融资产管理股份有限公司的原董事长，张少春——财政部的原党组副书记和副部长，孙波——中国船舶重工集团有限公司的原总经理，努尔·白克力——国家发改委的原副主任及国家能源局的原局长，孟宏伟——公安部的原副部长——

党的十九大以来，被中央纪委和国家监委立案审查和调查的中管干部超过70多位。只有对这些身居要职人员的违纪违法行为予以坚决从严的查处，反腐的强大震慑力才能形成，不敢腐的氛围也才能进一步强化。

2. "拍蝇"不手软——24万多个群众身边腐败和作风问题被查处

既要打"老虎"也要拍"苍蝇"。党的十九大以来，随着反腐败斗争向基层的进一步延伸拓展，在全社会形成了强大的反腐声势，为了不断增强百姓的安全感、获得感和幸福感，中国共产党对于各级各类存在损害百姓利益的腐败行为和违纪行为也一查到底，截至2018年底，有近24万个相关问题被陆续查处。

第一，对一切向扶贫资金和资源伸出的黑手予以坚决斩断。2018年中央纪委开始启动专门针对扶贫领域存在的腐败和作风问题进行治理的专项活动，为期3年。该活动要求各级的纪检监察机关建立并完善与扶贫、财政、审计、信访及民政等部门进行及时和长效沟通的衔接机制，对于群众反映的有关扶贫领域腐败及作风问题的举报线索，要一律优先受理，从快办理并高质量处置。对贪污挪用、虚报冒领、截留私分、强占掠夺等群众反映强烈的行为要严肃查处。党的十九大以来，全国扶贫领域被查处的腐败和作风问题超过13.31万个，处理的有关责任人共计18.01万人。

第二，对涉黑涉恶的腐败行为和"保护伞"予以深挖彻查。在反腐败的过程中，往往会出现一些腐败犯罪与涉黑涉恶犯罪的交织情况，打掉涉黑涉恶犯罪背后的"保护伞"，就成为反腐败非常重要的一项内容。截至2018年的11月底，全国的纪检监察机关立案查处的涉黑涉恶腐败及"保护伞"问题共计11829起，对8288人给予了党纪政务处分，1649人被移送司法机关。其中包括湖南省综治办的原主任周符波，山西省监狱管理局的原局长王伟，以及山西省人民检察院的原副巡视员贾文声等人。

第三，对贪腐行为施以霹雳手段进行严厉惩治。"巨贪"要反，"蝇贪""蚁腐"也要治。自党的十九大以来，在全国范围内被查处的群众身边腐败及作风问题共计23.87万个，被处理的有31.60万人。2018年，中央纪委国家监委网站通过相关的举报专区，分4批对64起典型案例进行了集中通报，发挥了宣传教育的警示作用。

3. "猎狐"不止步——4997位外逃人员被追回

2018年的6月，中央追逃办发布了50名涉嫌职务犯罪及经济犯罪的外逃人员的线索公告，对他们目前可能的居住地予以了曝光，对这些外逃人员构成了强大的震慑。7月11日，涉案金额高达4.85亿美元的巨贪——中国银行广东开平支行的原行长许超凡，终于在外逃17年之后被强制遣返回国。

8月23日，国家监委、最高法院、最高检察院、公安部以及外交部等部门联合发布了《关于敦促职务犯罪案件境外在逃人员投案自首的公告》，向那些外逃人员发出了限期投案自首的通牒。在劝返、遣返机制越发成熟，引渡工作不断推进下，外逃人员纷纷落网。

2018 年的 11 月 30 日，浙江省新昌县的原常务副县长姚锦旗在外逃 13 年后，从保加利亚被引渡回国，这是我国首次将涉嫌职务犯罪的国家工作人员从欧盟成员国成功引渡回国，也是国家监委成立后的首次引渡案件。截至 2018 年的 11 月 30 日，我国已经从 120 多个国家和地区先后追回 4997 名外逃人员，其中党员和国家工作人员 1015 人，追回的赃款共计 105.14 亿元人民币，在中央追逃办的"百名红通人员"名单上，被追回的有 56 人。

追逃成果捷报频传，国际反腐司法协助机制也在不断完善。2018 年 10 月 26 日，《中华人民共和国刑事诉讼法》和《中华人民共和国国际刑事司法协助法》得到修订和完善，建立了刑事缺席审判制度。此项举措为加强境外的追逃工作提供了有力手段，进一步规范和完善了我国的刑事司法协助体制，同时也填补了我国刑事司法协助在国际合作上的法律空白。同年 12 月 13 日，国家监察委员与澳大利亚联邦警察签署了反腐败执法合作的谅解备忘录，这是作为中国最高监察机关的国家监委，在成立后首次与西方国家签署的反腐败执法合作文件。中国的反腐败合作朋友越来越多，反腐败综合执法的国际协作也在不断向前推进。

4. 治理常态化——通过立法，将制度优势转为治理效能

2018 年 3 月 20 日，在十三届全国的人大一次会议上，《中华人民共和国监察法》（以下简称监察法）获得表决通过。该法明确地将所有行使公权力的公职人员都纳入监察范围，并且赋予了监察机关在调查职务违法以及职务犯罪时可以采取的如谈话、询问、讯问、查询、留置、冻结等措施的权力，同时对监督、调查以及处置工作的程序做出了严格规定。监察法是关于反腐败斗争的国家立法，它的制定及出台，为中国的反腐败工作取得压倒性胜利提供了坚强的法治保障。该法通过 3 天之后，一个党领导下的全新的反腐败工作机构——中华人民共和国国家监察委员会成立。

党的十九大之后，巡视的利剑再次出鞘。中央巡视组在第一轮巡视中，先后对 40 个地方及单位完成了巡视监督，在第二轮的巡视中，又集中于脱贫攻坚专项，对 26 个地方及单位进行了政治体检。

不仅如此,由中央、省、市及县相关部门组成的四级巡视巡察工作体系也变得更加完善,利剑直插基层,各级党委先后对 2120 个省市区的党组织以及 12 万个市县党组织展开巡察,共发现各类问题 97.5 万个。

之后,中央办公厅又印发了《关于深化中央纪委国家监委派驻机构改革的意见》,对派驻机构的领导体制改革,监督工作机制的完善,和派驻范围的拓展以及监督质量的提高等作出全面的部署,为反腐败工作的进一步推进提供了有力保障。

在党的纪律检查及国家监察体制改革的深入推进下,我国反腐败斗争的法治化及规范化水平不断提高,综合效应更加凸显,这都为反腐败斗争取得"压倒性胜利"提供了坚强的保障。①

教学目标:

1. 通过了解十八大以来中国共产党的反腐败经历和成果,让学生意识到党和国家对于腐败问题坚决打击的坚定决心,坚定中国特色社会主义的理想信念。

2. 通过让学生了解和学习《国家监察法》,让学生明白权力的制约性和法治的强制性。

3. 通过学习和了解《国家监察法》以及反腐败举措,让学生尊重和维护法律权威,培养学生基本的法治思维。

本案例适用于教材第五章"明大德守公德严私德"第一节"道德及其变化发展"之二"道德的功能和作用"、第六章"尊法学法守法用法"第一节"社会主义法律的特征和运行"之一"法律及其历史发展"、第二节"以宪法为核心的中国特色社会主义法律体系"之二"我国的实体法律部门"的教学使用。

精神价值分析:

1. 权力也需制约。权力的不受限是腐败的根源,无数历史和现实表

---

① 以上资料来自新华网,2019 年 1 月 6 日。

明，不遏制腐败，任其蔓延，就会导致亡党亡国。因此，任何国家要想发展得好，必须对腐败问题有一个根本的制约防范之道。在人类社会发展的进程中，产生过许多的权力制约方式，无论哪一种，都有自己的优势，也有自己的弊端，因此，针对自己所在的时代特点寻找一种更为合理和有效的权力制约体系，一直是人类要面对的一个问题，这才是人类走向文明的一个表现。

2. 既要党纪，也要国法。腐败的动因来自不断增长的物质欲望。由于党员干部是行使公权力的主体，因此，在反腐败的过程中，中国首先从党员干部群体着手，制定并颁布实施了《中国共产党廉洁自律准则》和《中国共产党纪律处分条例》，加上已有的《公务员法》对大部分公权力的主体做出了严格的规范和底线的划清。但公权力涉及的不仅仅只是党员，对于行使公权力的非党员还缺乏必要的法律制约和规范，因此，《国家监察法》应运而生，对一切行使公权力的主体都做了严格的要求和规范。这样一来，有关公权力的产生、行使和监督就都有了相应的法律依据。党纪严于国法，既要党纪，更要国法，只有把笼子扎紧、扎实，权力才能不被滥用。

3. 既要他律，更要自律。马克思主义认为，外因是条件，内因是根本。任何腐败绝不是单纯的环境和体制原因，更重要的是自身理想信念的缺失和贪欲的泛滥。权力的笼子要扎紧，掌握、行使权力人的心更要纯净。没有"为人民服务"的公心，任何制度都难以防止刻意和故意的犯罪。法治的目标，就是要从他律走向自律，从外在走向内心，从底线预防走向崇高向往，只有从人性、人心出发，反腐败方能达到其应有的正向价值。

教学融入设计：

1. 在道德一章中，让学生提前以小组为单位，确定正方与反方，课前查找资料，以"他律重要还是自律重要"来进行辩论准备。上课时进行课堂展示，可以形成正方联盟和反方联盟进行对辩，遵循现行的辩论赛规则，最后由教师进行点评和深化。

2. 在法治一讲中，通过让学生围绕"人类为消除腐败所采取的措施"为主题查询资料，分别分析国内外每一种措施的利弊，归纳什么样的措施更适合今天的时代特点和中国的具体国情，以理解为什么说中国的反腐败是一项综合系统工程。

3. 在"全面依法治国"必然性的讲授中，让学生以小组为单位搜集资料，归纳总结人类的不同治理方法，从理论上比较每一种治理方法的适用范围和条件，以回应"中国从人治走向法治"的必然。

4. 让学生结合自身实际，畅谈中国推进依法治国战略以来带给民众层面的好处。让学生从一些基本的理论结论和法治教条去寻找相应的民众生活体现，感受社会进步的实在性。以此增强学生主动关心社会、关心国家，参与社会事务的积极性和主动性。

5. 让学生以小组为单位思考和回答"你认为中国法治最大的障碍是什么？"，要求有条理，有依据。然后各小组派代表班上交流，以加强对中国法治"任重道远"的理解。

问题拓展探究：

1. 结合实际，你觉得现在的反腐败效果如何？还需要哪些改进？
2. 为什么中国如此重视反腐败？
3. 德治和法治哪一个更重要？
4. 你认为什么叫作腐败？作为学生，会不会出现腐败？如何进行反腐败？
5. 你认为加强制度建设，能不能从根本上起到反腐败的效果？

相关资料推荐：

1.《中国共产党廉洁自律准则》，中央人民政府门户网站。
2.《中国共产党纪律处分条例》，中央人民政府门户网站。
3.《中华人民共和国国家监察法》，中央人民政府门户网站。

4.《中华人民共和国公务员法》，中央人民政府门户网站。

5. 解读 2018 反腐败"成绩单"——中国共产党新闻网，2019 年 1 月 4 日。

6. 2019 年反腐败"成绩单"亮眼——中国共产党新闻网，2020 年 1 月 3 日。

7. 十九大：数字解读全面从严治党五年反腐败"成绩单"国家公务员考试网，2017 年 10 月 20 日。

案例31："逆子"法来管——老吾老以及人之老

案例呈现：

许红涛，平时在家经常打骂父母，其母亲因为恐惧被打而一度不敢回家。2012年的5月28日，因为一点琐事与家人发生争执，许红涛便殴打家中因患有脑血栓而行动不方便的父亲。当月的30日中午，也就是许父被打的两天之后，许红涛再次对自己父亲的头部和面部以及胸部等多处施以拳打脚踢，造成时年63岁的许父双侧的胸部皮下以及肌间大范围出血，双侧有多根肋骨多段骨折，左肺部大范围挫伤，最终因创伤性和疼痛性休克并发呼吸困难而死亡。案发之后，许红涛的近亲属以及一些村民代表一致要求对这个不务正业并打死自己父亲的"逆子"予以严惩。

此案由河北省衡水市中级人民法院受理，该院经审理认为，许红涛因为琐事而殴打患有脑血栓且行动不便的父亲，导致其父死亡，其行为已经构成故意伤害罪，应当依法惩处。依照刑法的有关规定，被告人许红涛以犯故意伤害罪被判处死刑，剥夺政治权利终身。在宣判之后，许红涛提出了上诉。经河北省高级人民法院审理之后，裁定驳回上诉，维持原判，同时依法报请最高人民法院核准。在最高人民法院依法复核，并核准许红涛死刑后，"逆子"许红涛被执行死刑。①

---

① 以上资料来自"最高法发布涉家庭暴力犯罪典型案例"，北大法宝，2017年12月21日。

教学目标：

1. 通过了解家庭中发生的利益伤害和人身伤害案件，引导学生重视家庭关系，妥善处理家庭内部发生的各种矛盾和纠纷，营造和谐的家庭氛围。

2. 通过了解家庭中伤害案件的处理情况，让学生明白家庭关系所受到的法律规范和制约，树立"依法办事"的理念，改变"清官难断家务事"的传统观点。

3. 通过了解相关的法律规范，明确基本的定罪量刑依据，增强学生的法律认知能力，掌握基本的维权途径，增强学生的维权意识。

本案例适用于教材第五章"明大德守公德严私德"第二节"吸收借鉴优秀道德成果"之一"传承中华传统美德"、第六章"尊法学法守法用法"第二节"以宪法为核心的中国特色社会主义法律体系"之二"我国的实体法律部门"的教学使用。

法律意义分析：

这起案件是一起因家庭琐事而引发的儿子殴打病重父亲，导致父亲最终死亡的家庭暴力犯罪案件。表面看来是家庭纠纷，本质却是严重的犯罪行为。老吾老以及人之老，幼吾幼以及人之幼，尊老爱幼是我们中华民族的传统美德，子女应当对父母长辈尊重爱护。而被告人许红涛作为已经成年的子女，不仅不好好赡养对待老人，还经常打骂父母，本身已经违反我国法律所保护和崇尚的价值观。在案发前及案发当日，先后两次对自己患脑血栓并且已经行动不便的父亲施以暴行，而且是殴打其父亲的头部、面部及胸部等要害部位。根据其父亲的受伤程度看，双侧肋骨出现多根并且是多段的骨折，足可以证明其暴力的程度非常之强，这说明许红涛的主观上具有明显的伤害故意。因此，法院以故意伤害罪对许红涛核准死刑，定性是准确的，量刑也适当。此案说明，对于社会上存在的严重侵犯老人以及其他弱势群体权利的暴力犯罪行为，法律都会予以严惩，即便是家庭成员间的暴力犯罪，国家法律也要管。这是法律普遍性和强制性的体现，更是法律精神和价值的彰显。

教学融入设计：

1. 在家庭美德教育中，以"如果家庭成员间产生矛盾和冲突，应当如何化解？"为话题，让学生罗列可能会出现的几种解决方式，从理论上分析各自的利处和弊端，然后分别阐述每一种方式最后的结果，然后从理论上逐一淘汰，再用相关的案例进行感性强化，以加强学生的理性分析能力和法治意识，让学生学会遇事冷静，减少冲动和盲目。

2. 在家庭美德教育中，教师介绍该案例，让学生站在其父母的角度思考："如果时间能够倒流，你想对儿子说些什么？做些什么？为什么要这样？"让学生从假设的结果和现实的结局之间进行比较，通过分析好的结局和坏的结局各自的缘由，意识到家庭教育的重要性。

3. 在刑法的教授中，教师列出案例，让学生分析该案件定罪的基本依据和理由，让学生在掌握基本的法律条款的同时学会用理论来分析现实。

问题拓展探究：

1. 你对父母态度如何？怎样改进？
2. 假如有一天，你的儿子这样对你，你怎么做？
3. 假如你是他们的邻居，案发前你可以做些什么？

相关资料推荐：

1. 最高法发布涉家庭暴力犯罪典型案例，北大法宝，2017年12月21日。
2. 中华人民共和国婚姻法，中华人民共和国司法部法律法规库。
3. 中华人民共和国刑法，中华人民共和国司法部法律法规库。

案例32：花朵需要呵护
——家庭暴力中的儿童保护

案例呈现：

沐正盈，已成年成家的他经常在酗酒后殴打自己的父母和妻儿，因为不堪忍受其长期的酗酒和殴打，父母搬离另住，妻子也随即离开了家，只剩下沐正盈与自己5岁的女儿共同生活。2014年的2月2日晚上，沐正盈觉得女儿经常在外面玩耍又不听话，实在难以管教，因此用绳子将女儿捆绑在家里面的柱子上，并扇女儿的耳光，还用绳子抽打自己的女儿。之后，沐正盈将女儿松绑，女儿奋力往外跑，沐正盈遂用力拉扯女儿的衣袖，将其拽倒在地，接着又拿起木棒进行殴打，致使其女儿因遭受钝性外力而导致颅脑损伤，并最终死亡。之后沐正盈将自己女儿的尸体用编织袋包裹，并移至一处树林里掩埋。2月11日，沐正盈向公安机关投案自首。

该案由云南省曲靖市中级人民法院受理，该院经审理认为，沐正盈作为其女儿即该案被害人的监护人，不仅没有尽好自己应尽的养育及教育抚养义务，还长期经常性地殴打被害人，在案发当日里，多次对被害人进行殴打，以致被害人死亡，之后为掩盖自己的罪行掩埋尸体，其行为已经构成故意杀人罪。不仅如此，沐正盈所针对的，是毫无反抗能力的儿童，对弱小儿童实施加害行为，其情节极为恶劣，应当依法严惩。但鉴于沐正盈有自首情节，因此可依法酌情减轻处罚。最后依照刑法的有关规定，被告人沐正盈以故意杀人罪被判处无期徒刑，剥夺政治权利终身。在宣判后的法定期限内，沐正盈没有上诉和抗诉，判决生效。①

教学目标：

1. 通过了解家庭中发生的利益伤害和人身伤害案件，引导学生重视家庭关系，妥善处理家庭内部发生的各种矛盾和纠纷，营造和谐的家庭氛围。

2. 通过了解家庭中伤害案件的处理情况，让学生明白家庭关系所受到的法律规范和制约，树立"依法办事"的理念，改变"清官难断家务事"的传统观点。

3. 通过了解相关的法律规范，明确基本的维权依据，增强学生的维权意识和维权能力。

本案例适用于第五章"明大德守公德严私德"第三节"遵守公民道德准则"之四"家庭美德"、第六章"尊法学法守法用法"第二节"以宪法为核心的中国特色社会主义法律体系"之二"我国的实体法律部门"的教学使用。

法律意义分析：

该案虽然发生在家庭内部，起因是"管教"，表面看来是家长管教子女而引发的人身伤害，但从法律的角度看，被告人作为成年人以及监护人，常年对自己的亲人实施家庭暴力，包括年迈的父母和年幼的女儿，其行为已经触犯刑法，构成犯罪。案发时对年仅5岁的女儿粗暴殴打，且不加以节制，案发之后也不积极地进行或寻求救助，最终导致被害人死亡，其犯罪情节恶劣，后果极其严重，因此应当从严惩处，因其具有自首情节，最终被从轻判处无期徒刑，量刑适当。

---

① 以上资料来自"最高法发布涉家庭暴力犯罪典型案例"，北大法宝，2017年12月21日。

该案是父亲殴打亲生女儿最终致其死亡的恶性犯罪案件。年仅 5 岁的幼女，本应该在父母的怀抱和关爱中享受童年，此案的被害人却一直生活在暴力和恐惧之中，直至最后殒命于自己的父亲手中。这是一场悲剧，给所有的家长敲响了警钟：管教可以，也是应当，但千万不要以管教的名义来对这些年幼的孩子施以暴力，花朵是用来呵护的，不是用来摧残和殴打的。当父母和家人无法给予儿童一个安全的环境的时候，法律会给他们一个庇护的空间。

教学融入设计：

1. 在家庭美德教育中，教师以"假如有专门给即将当父母的年轻人进行培训的'父母学校'，你认为应该开设哪些课程？"为基本话题，引导学生思考为人父母应当做的基本常识和能力准备，提升学生的家庭责任感。在阐述理由的过程中，教师以此案例为反面教材，以强调法律常识和法治思维的重要性。

2. 在宪法及刑法的教授中，教师让学生以小组为单位，对本案例进行角色情景假设，在女儿、母亲、父亲中任选一种角色，以"如果有重来的机会，你最想说什么？最想做什么？"为基本主题来寻找更为适合和理性的问题解决方式。以此帮助学生学会遇事冷静思考，减少盲目冲动。

问题拓展探究：

1. 孩子应该如何去爱？
2. 你有没有父母给你留下的童年阴影？怎么对待？
3. 你认为父母最应该给予孩子的是什么？

相关资料推荐：

1. 最高法发布涉家庭暴力犯罪典型案例. 北大法宝，2017 年 12 月 21 日。
2. 中华人民共和国婚姻法，中华人民共和国司法部法律法规库。
3. 中华人民共和国刑法，中华人民共和国司法部法律法规库。

案例33：家庭中的反暴力——防卫要适当

案例呈现：

常磊，与其父亲常新春和母亲郑玲一起居住，父亲常新春在饮酒后就会变得脾气暴躁，经常会辱骂和殴打家人。2012年的8月29日傍晚，常新春喝酒后又因为一些琐事辱骂了自己的妻子郑玲，郑玲随即躲到儿子常磊的卧室中。之后，常新春又追到常磊卧室继续辱骂郑玲，接着殴打郑玲及常磊，扬言自己要杀死全家，并到厨房取来了菜刀。常磊见状，上去夺下菜刀，常新春则按住郑玲的头部继续殴打。义愤之下，常磊拿着菜刀砍伤了自己父亲常新春的头部、颈部和肩部等处，之后将常新春送往医院进行救治。第二天，常磊向公安机关投案自首。当天晚上，56岁的常新春因失血性休克而死亡。

该案由重庆市江津区人民法院受理，经审理认为，被告人常磊因持刀故意伤害而致人死亡的行为已经构成故意伤害罪，鉴于其行为属于防卫过当，依法应当酌情减轻或免除处罚。在案发后，常磊投案自首，其母亲表示谅解，同时考虑到被害人常新春长期酒后对家庭成员实施的家庭暴力，可以考虑减轻处罚并适用缓刑。最后依照刑法的有关规定，被告人常磊以故意伤害罪被判处有期徒刑三年，缓刑五年。在宣判后的法定期限内，被告人没有上诉和抗诉，判决已经生效。①

---

① 以上资料来自"最高法发布涉家庭暴力犯罪典型案例"，北大法宝，2017年12月21日。

教学目标：

1. 通过了解家庭中发生的利益伤害和人身伤害案件，引导学生重视家庭关系，妥善处理家庭内部发生的各种矛盾和纠纷，营造和谐的家庭氛围。

2. 通过了解家庭中伤害案件的处理情况，让学生明白家庭关系所受到的法律规范和制约，树立"依法办事"的理念，改变"清官难断家务事"的传统观点。

3. 通过了解相关的法律规范，明确基本的维权依据，增强学生的维权意识和维权能力。

本案例适用于第五章"明大德守公德严私德"第三节"遵守公民道德准则"之四"家庭美德"、第六章"尊法学法守法用法"第二节"以宪法为核心的中国特色社会主义法律体系"之二"我国的实体法律部门"的教学使用。

法律意义分析：

本案的被告人常磊虽然已经将常新春手中的凶器即菜刀夺下，但是常新春对郑玲实施的不法侵害仍在继续，虽然被殴打的不是常磊，但因为常新春在案发时曾扬言要杀死全家，并且结合其平时常有的酒后暴力行为，不能排除他的暴力行为会持续下去并将造成更严重后果的可能。因此，对于常新春正在施行的家庭暴力行为，常磊有权进行防卫。然而从常磊手持菜刀砍击常新春造成的多处损伤以及最终致其失血性休克并死亡的结果分析，该防卫行为与常新春施行的家暴行为的手段及严重程度存在不对等，因此常磊的行为属于防卫过当。考虑到常磊事后立即将受害者送往医院进行救治的行为，以及案发后主动投案自首的举动，同时其母亲对其行为的谅解，加上常新春自己具有的家庭暴力既往史，以及常新春其他亲属及邻居对常磊从轻处罚的请求，法院对常磊减轻处罚并适用缓刑的判决，是完全适当的。

教学融入设计：

1. 在家庭美德教育中，教师以"什么是家庭暴力？为什么会发生？有什么样的危害？怎样预防和阻止"为基本话题，引导学生思考并分析家庭中常见的暴力行为，包括"冷暴力"。通过学生自己的分析和推导，帮助学生增强对家庭教育和理性解决矛盾的重要性的认识。分析过程中，教师穿插本案例，帮助学生更清晰地明确法律的实施。

2. 在家庭法律规范的教授中，教师以本案例为导入，然后以"家庭暴力所涉及的法律规定"为主题，让学生以小组为单位现场搜集整理资料，对有关"家庭暴力"的各项相关法律法规进行梳理，并分别对"法律为什么会作出这样的规定？"做出自己的思考，然后班级交流，教师及时进行引导。以此增强学生对家庭暴力的法律认知。

3. 在刑法的"正当防卫"规定的讲授中，让学生以此案例为素材，尝试分析是否属于正当防卫，然后根据相关的法律条文，让学生顺着教师的引导一步一步弄清楚正方防卫和防卫过当的区别与联系，从而掌握正当防卫的基本要求和构成条件。

问题拓展探究：

1. 假如你遇到家庭中的暴力事件，你会怎么做？
2. 在正当防卫过程中，需要注意哪些问题？
3. 你认为法律为什么要设置这个法律规定？又为什么会提出这么多的相关要求？

相关资料推荐：

1. 最高法发布涉家庭暴力犯罪典型案例．北大法宝，2017年12月21日。
2. 中华人民共和国婚姻法，中华人民共和国司法部法律法规库。
3. 中华人民共和国刑法，中华人民共和国司法部法律法规库。

案例34：勇敢说"不!"
——未成年人的自我保护

案例呈现：

陈某，某中学的学生，2016年的1月初，因在甲的女朋友的网络空间里留言示好，而遭到甲等一伙的殴打。

1月10日的中午，甲和乙、丙等其他6人一起在陈某就读的中学门口，看见陈某从学校大门走出来，此时有人就说陈某向老师告发过他们的打架行为，要去向陈某问个说法。甲等人随即尾随陈某一段路后拦住他并质问，当时陈某解释没有告状，但甲等人不肯罢休，仍旧抓住并围殴了陈某。此时乙的3位朋友正巧路过，见状也加入，一起围殴陈某。有用膝盖顶击陈某的胸口的，有捡起石块击打陈某的手臂的，有手持钢管击打陈某背部的，还有勒陈某脖子或对其拳打脚踢的。陈某在围攻之下掏出随身携带的一把折叠式水果刀（长约8.5厘米，不算管制刀具），对围攻者进行反击，在乱挥乱刺下刺中了甲、乙和丙之后逃脱。此时围殴人员中有一部分对陈某继续追赶并从后投掷石块，击中了陈某的背部和腿部。最后陈某逃进学校，追打他的人员被学校的保安拦住。事后经鉴定，被刺中的3人，其损伤程度均构成了二级重伤，而陈某身体多处软组织损伤。

该案发生后，陈某所在的学校向司法机关提交了相关材料，证实陈某一向遵守纪律，学习认真且成绩优秀，属于品学兼优的好学生。

因涉嫌故意伤害，陈某被公安机关立案侦查，并被采取刑事拘留的强制措施，接着被提请至检察机关批准逮捕。

公安机关认为，陈某的行为虽然有自我防卫的性质，但从结果上看，已明显地超过了必要限度，属于防卫过当，应当以涉嫌故意伤害罪追责并处罚。而检察机关则认为，陈某的防卫行为本身没有明显地超过必要限度，并不属于防卫过当，因此不构成犯罪，主要理由有如下几点：

第一，陈某所面临的是正在进行的不法侵害，其反击的行为具有防卫的性质。任何人包括这些未成年人，在面对正在进行的不法侵害的时候，都有制止及依法进行防卫的权利。在本案中，甲等人尾随拦截陈某并对其实施围殴的行为，属于正在进行的不法侵害行为，此时陈某的反击，显然具有防卫的性质。

第二，虽然陈某随身携带了刀具，但并不影响正当防卫的认定。是否是正当防卫，并不会因为防卫人携带了一些可用于自卫的工具而受到影响，真正影响认定的，是防卫人是否具有相互斗殴的故意。在该案中，陈某事前并没有与对方有约架斗殴的意图，在自己被拦住后也是进行解释并且退让，直至遭到对方围攻殴打时才被迫予以还手。因此，陈某随身携带的水果刀，无论是作为日常携带还是事先的有所防备，都不会影响对其行为是正当防卫的性质认定。

第三，陈某的防卫行为并没有明显地超出必要的限度，不应属于防卫过当。在该案中，虽然陈某的防卫行为导致了实施不法侵害的3人重伤，在客观上造成了对他人身体的重大损害，但前提是陈某被以甲为首的9个人围住，并遭受了对方以钢管、石块等工具为主的多次、多处群体殴打，双方在实力相差悬殊的情况下，陈某通过借助水果刀来增强自己的防卫能力，在手段及强度上合情合理。不仅如此，施暴一方在陈某逃脱后仍持续追赶和击打，所实施的共同侵害行为并没有停止，因此从制止整体的不法侵害的实际需要来看，作为反击者的陈某持刀挥刺在情理上和法理上也没有不合适的地方。

综合来看，陈某的防卫行为虽然导致了多人重伤的客观后果，但其防卫措施并没有明显地超过必要限度，因此不属于防卫过当，不负刑事责任，因而决定不批准逮捕。公安机关在将陈某释放的同时要求复议，最后经检察机关复议，维持了原决定。

经过检察机关耐心细致的释法说理工作，被刺伤的三人及其亲属在充分地了解了事实经过及法律规定后，对检察机关作出的处理决定表示认可和接受。①

教学目标：

1. 通过了解在未成年人中发生的利益伤害和人身伤害案件，引导学生重视处理人际关系，妥善处理在学校和年轻人之间发生的各种矛盾和纠纷，营造和谐的校园氛围。

2. 通过了解年轻人之间发生的人身伤害案件的处理情况，让学生明白年轻人所受到的法律规范和制约，树立"冷静面对""依法行事"的理念，树立法治的底线思维。

3. 通过了解相关的法律规范，明确基本的维权依据，增强学生的维权意识和维权能力。

本案例适用于第六章"尊法学法守法用法"第二节"以宪法为核心的中国特色社会主义法律体系"之二"我国的实体法律部门"的教学使用。

法律意义分析：

1. 防卫的必要限度。根据我国刑法规定，为了不让国家、公共利益、本人或他人的人身、财产及其他权利遭受正在进行的不法侵害，而对不法侵害采取的制止行为，属于正当防卫，即使该制止行为对不法侵害人造成了一定的损害，也不负刑事责任。在司法实践中，这种正当防卫通常称为"一般防卫"，它有相应的限制条件，那就是"没有明显超过必要限度造成

---

① 以上资料来自"最高人民检察院发布第十二批指导性案例"《检察日报》，2018年12月18日。

重大损害",也就是说,行为人的防卫措施虽然明显超过必要限度,但防卫的结果在客观上并没有造成重大的损害,或者防卫的结果虽然在客观上造成了重大损害,但是本身的防卫措施并没有明显超过必要限度。超过这一限度的行为属于防卫过当,需要承担相应的刑事责任。在本案中,陈某是为了保护自己的人身安全而选择的持刀反击,从所要维护的权利性质以及相较于侵害方的手段强度来看,防卫措施没有明显超过必要限度,因此,即使防卫的结果在客观上造成了他人身体的重大损害,也不应当属于防卫过当。

2. 正当防卫的目的。作为正当防卫,其目的是明确的,即为了保护自己的合法权益,或者是他人、集体、国家的合法权益。而对于涉及未成年人的权利维护,法律有相关的规定,《中华人民共和国未成年人保护法》中第六条第二款明确指出,对那些侵犯未成年人合法权益的不法行为,任何组织和个人都有权通过合适的方式来进行劝阻、制止以及向有关部门检举或控告。而对于正在遭受不法侵害的未成年人,任何人都有权进行干预和保护,成年人更有对其进行救助的责任。然而,当冲突的双方都是未成年人时,成年人应当优先选择劝阻及制止的方式,当劝阻和制止无效,需要对侵害人予以隔离、控制或制服的,应当注意所选择制止手段以及制止行为的适度。

3. 事实是法律认定的基本依据。当检察机关办理涉及正当防卫的案件遇到争议时,应当根据相关的规定适时并主动地进行释法说理的工作。对于事实认定、法律适用以及办案程序等相关问题要进行答疑解惑,开展相应的法治宣传教育,尽量保障当事人及其他诉讼参与人的相关合法权利。人民检察院在审查逮捕决定时,应当在事实关、证据关以及法律适用关上严格把控,根据已经查明属于正当防卫、不负刑事责任的犯罪嫌疑人,应当依法作出对其不予批准逮捕的决定,以保障无罪的人不受刑事责任的追究。[1]

---

[1] 以上资料来自"最高人民检察院发布第十二批指导性案例"《检察日报》,2018年12月18日。

教学融入设计：

1 在刑法讲授关于正当防卫的讲授中，以此案例为分析资料，针对正当防卫的主体问题，以"谁有权利进行防卫？除了本人，别人可以吗？"为话题引导，让学生自己根据相关法律条文进行分析，最后明确"任何人面对正在进行的不法侵害，都有予以制止、依法实施防卫的权利。"

2. 在上述内容中，针对防卫人自身的情况，以"携带刀具是否影响防卫本身的性质？"，让学生以小组为单位根据法律条文进行分析，最后再次明确正当防卫性质的认定标准，以此案例为佐证，以加深学生对法律条文和规定的理解。

3. 在上述内容中，以"如果因防卫造成重大损失，该防卫还是否正当？"为话题，以此案例为基本素材，让学生分析，教师引导，进一步明确和强调正当防卫的判定标准和认定依据。让学生明白在被人殴打、人身权利受到不法侵害的情况下，防卫行为虽然造成了重大损害的客观后果，但是防卫措施并未明显超过必要限度的，不属于防卫过当，依法不负刑事责任。

问题拓展探究：

1. 你遇见过校园暴力欺凌吗？你认为应当如何去做？
2. 你认为当前针对青少年犯罪现象，法律还存在哪些空白和缺陷？
3. 你认为当前对于暴力侵害，很多未成年人不敢反抗和维权，最主要的原因是什么？怎样去解决？

相关资料推荐：

1. 中华人民共和国刑法，中华人民共和国司法部法律法规库。
2. 以上资料来自"最高人民检察院发布第十二批指导性案例"《检察日报》，2018年12月18日。

案例35：昆山反杀案——紧迫危险中的防卫

案例呈现：

于海明，男，某酒店业务经理，2018年的8月27日晚上9点半左右，在江苏省昆山市震川路骑着自行车正常行驶，此时醉酒驾驶小轿车的刘某（经检测，当时血液酒精含量为87mg/100ml）向右试图强行闯入非机动车道，险些与正骑着自行车的于海明发生碰擦。刘某车上的一名人员随即下车与于海明争执，被同行的人员劝解返回之后，刘某突然下车，上前对于海明推搡和踢打。虽然有众人劝解，刘某仍不放弃，对于海明持续追打，并从自己所驾驶的轿车内取出一把砍刀（该凶器为管制刀具），用刀面连续击打于海明的颈部、腰部和腿部。在击打过程中刘某无意间将砍刀甩脱，被甩脱的那把砍刀被于海明抢到，刘某随即上前试图夺回，在争夺过程中于海明捅刺了刘某的腹部及臀部，并砍击了刘某的右胸、左肩及左肘，受伤后的刘某跑向自己驾驶的轿车，于海明继续追砍了刘某2刀但均未砍中，其中有1刀砍中了轿车。在刘某跑离轿车后，于海明从刘某驾驶的轿车里将刘某放于车内的手机取出，并放入了自己口袋。在民警到达现场之后，于海明将刘某的手机以及砍刀交给了处警民警，声称，拿走刘某的手机主要是为了防止刘某打电话召集人员来报复自己。刘某在逃离后，随即倒在了附近的绿化带中，后送医经抢救无效，终因腹部大静脉等破裂导致失血性休克在当日死亡。而于海明的伤情经检查发现，其左颈部和左胸季肋部分别各有 1 处条形挫伤。

案发当晚，公安机关即以"于海明故意伤害案"进行立案侦查，8 月 31 日，查明了本案的全部事实。第二天，昆山市公安局根据已经侦查查明的事实，依据刑法的相关规定，认定本案中于海明的行为属于正当防卫，不负刑事责任，因此决定依法撤销"于海明故意伤害案"。这期间，公安机关依据相关的规定，听取了检察机关的意见，对于公安机关撤销案件的决定昆山市人民检察院也予以同意。

检察机关与公安机关对于本案的处理意见一致，具体的论证情况及理由有以下几点：

第一，关于刘某的行为是否是"行凶"犯罪的问题。在论证的过程中曾经有一种意见，认为刘某击打于海明使用的是刀面，其犯罪故意的具体内容尚不确定，认定其为行凶不太合适。经过论证，最后认为，对于行凶的认定，应当基于和遵循刑法第二十条第三款的相关规定，把握的标准应当是"严重危及人身安全的暴力犯罪"。此案中，刘某在开始阶段的推搡及踢打行为尚不属于"行凶"，但是自从手持砍刀对对方进行击打后，其行为的性质就已经升级为暴力犯罪，刘某存在凶狠的攻击行为，所持的凶器也可以轻易地致人死伤，随着事态的进一步发展，接着会造成什么样的损害后果是难以预料的，这样的暴力行为使于海明的人身安全处在现实的、急迫和严重的危险之中。因此，虽然刘某持刀杀人或伤害的主观故意具体还不确定，但他所表现出来的暴力行为符合"严重危害人身安全"的标准，应当认定为"行凶"犯罪。

第二，关于刘某的行凶是否是"正在进行"的问题。在论证的过程中，也有一种意见认为，当于海明抢到被刘某无意间甩脱的砍刀后，作为施暴者的刘某，其不法侵害的行为已经结束，不应当属于"正在进行"的暴力犯罪。经过论证后，最终认为，判断侵害的行为是否已经结束，应当主要看侵害人是否已经实质性地脱离了现场，以及是否还有继续实施暴力侵害或者再次发动暴力侵害的可能。此案中，于海明在抢到砍刀后，刘某随即上前进行争夺，其侵害行为并没有停止。刘某在受伤后立马跑向之前藏匿过砍刀的汽车，于海明此时进行的不间断追击也符合自身防卫的实际需要。于海明在追砍刘某两刀均未砍中，对方跑离开轿车后，于海明也没有再次追击。据此可以认为，在于海明抢到砍刀并顺势进行反击时，对方即刘某既没有放弃自己的攻击行为，也没有实质性地脱离现场，因此不能认定其暴力行凶行为已经停止或结束。

第三，关于于海明的反击行为是否是正当防卫的问题。在论证的过程中，曾有一种意见认为，于海明本人所遭受的损伤比较小，但是其防卫行为却导致了刘某的死亡，在结果上二者明显不相适应，于海明的行为应当属于防卫过当。经过论证最终认为，不法侵害的行为既包括实际损害的行为也包括带来危险的行为，对于危险的行为同样是可以实施正当防卫的。根据伤情及结果来评判行为的意见，只看到了实际损害的行为而忽视了带来危险的行为，按照这种逻辑，要求防卫人要等到暴力犯罪造成一定的实际伤害结果之后才能实施防卫。这显然并不符合"及时制止犯罪"，以及不能让犯罪得逞的防卫需要，也缩小了正当防卫依法成立的范围，显然是不合适也不合理的。在本案中，刘某的行凶行为对于海明的人身安全具有极大的危险性，在这种前提下，于海明采取一定的防卫行为致对方死亡，应当不属于防卫过当，而不负刑事责任。也就是说，于海明本人是否受伤以及伤情如何，并不影响其行为属于正当防卫的认定。公安机关决定依法撤销该案件的意见，是完全正确的。①

教学目标：

1. 通过了解在生活中发生的利益伤害和人身伤害案件，引导学生重视处理人际关系，妥善处理在学校和社会上发生的各种矛盾和纠纷，树立"与人为善"的交往理念。

2. 通过了解社会上陌生人之间发生的人身伤害案件的处理情况，让学

---

① 以上资料来自"最高人民检察院发布第十二批指导性案例"《检察日报》，2018年12月18日。

生明白作为社会公民所受到的法律规范和制约，树立"冷静面对""依法行事"的理念，树立法治的底线思维。

3. 通过了解相关的法律规范，明确基本的维权依据，增强学生的维权意识和维权能力。

本案例适用于第六章"尊法学法守法用法"第二节"以宪法为核心的中国特色社会主义法律体系"之二"我国的实体法律部门"的教学使用。

法律意义分析：

在我国《刑法》的第二十条第三款里规定，"对正在进行行凶、杀人、抢劫、强奸、绑架以及其他严重危及人身安全的暴力犯罪，采取防卫行为，造成不法侵害人伤亡的，不属于防卫过当，不负刑事责任"。这在司法实践中通常被称为"特殊防卫"。之所以会作出这种特殊防卫的规定，主要目的在于，能够更好地体现"法不能向不法让步"的法治理念，同时也是对防卫人通过相应方式予以反击的自我保护行为的肯定，还减轻了防卫人在防卫过程中会担心和顾虑自己防卫是否会因过当而构成犯罪的心理和思想压力。在司法实践中，如果在面对不法侵害人如"行凶"类似的暴力侵害，仍然对防卫人予以限制和苛求，不仅违背"保护公民合法权利"的立法本意，也很难真正地制止犯罪行为。

在本案中，对于是否适用该条款，刘某的行为是否属于"行凶"是关键，对此，有两点需要把握，一是其行为必须是暴力犯罪行为，如果是非暴力犯罪或者是一般性的犯罪行为，则不能认定为"行凶"。二是该行为必须严重危及人身安全，也就是对人的生命及健康构成了严重危险。在具体案件中，有一些暴力行为，其主观故意没有或者尚未确定，但只要在现实可能性上会造成他人重伤或者死亡的，都应当认定为"行凶"。

"不法侵害正在进行"是正当防卫的前提。所谓正在进行，就是指不法侵害的行为已经开始但还没有结束。不法侵害行为的种类和性质有很多，判断是否属于正在进行，应当根据具体的行为以及现场的情境做具体的分析。判断的标准不能机械地理解为"着手"或"既遂"，该条款的设立，主要侧重的是防卫人的利益保护。因此，不能要求不法侵害的行为已经造成被害人的损伤或损害，只要是不法侵害的现实危险已经产生，即使是处于既遂状态但侵害行为没有实质性停止或离开现场，都应当认定为正在进行。

然而，特殊防卫虽然不存在防卫过当的问题，但也不能做宽泛的认定和粗略的宣传。许多刑事案件情况都比较复杂，暴力与反暴力含混，合法与非法并存，防卫的正当与不正当混杂，而这类案件中的当事人，如果对正当防卫的法律认知不是非常准确，往往会以正当防卫的名义实施防卫过当的行为，因此在认定特殊防卫的时候应当十分慎重，在宣传的时候应当准确和全面。

教学融入设计：

1. 在刑法相关的讲授中，对于学生普遍熟悉的"行凶"如何理解如何界定，让学生以小组为单位进行资料查阅和搜集，为该行为梳理出几个基本的条件和要素，然后以该案例为基本分析材料，让学生联系案例进行场景回放，把握该行为的核心要点。

2. 对于行凶中的"犯罪故意"的理解，以"没有发生实际伤害或损害结果，是否可以认定为故意伤害？"为话题，让学生以此案例为素材进行过程推演，最后公布检察机关和公安机关的结论，让学生理解"实际损害和现实危险"，即行凶已经造成严重危及人身安全的紧迫危险，即使没有发生严重的实害后果，也不影响正当防卫的成立。

3. 以该案例场景为基础，让学生以小组为单位来设想假如不是以案例的方式，还可以以哪些方式来解决双方的矛盾和冲突，最后筛选出最为合适的一种方案，并阐明理由。以此帮助学生树立理性解决问题的处事方式。

问题拓展探究：

1. 遇到危害你自己人身安全的紧急事件，你会怎么样？

2. 遇到危害别人人身安全的紧急事件，你会怎么样？

3. 你在自我保护还击时考虑最多的问题是什么？

相关资料推荐：

1 《中华人民共和国刑法》。

2. 最高人民检察院发布第十二批指导性案例，《检察日报》，2018年12月18日。

3. 《今日说法》2019年6月15—16日。

案例36：离婚后的家庭暴力
——家庭之外的权利保护

案例呈现：

朱朝春与刘祎于1998年9月结婚，2007年的11月，二人经协议离婚，但离婚后仍以夫妻名义生活在一起。从2006年至案发前夕，因为感情问题和一些家庭琐事，朱朝春经常性地殴打刘祎，导致刘祎身体多次受伤。2011年的7月11日，朱朝春又因为女儿的教育问题以及怀疑女儿并非自己所亲生等理由与刘祎发生争执，朱朝春拿出皮带对刘祎进行抽打，刘祎随即持刀自杀，朱朝春见状即刻将刘祎送往医院进行抢救。经过医学鉴定，刘祎的体表多处存在挫伤，左胸部因被锐器刺中而导致心脏破裂引发大失血，经抢救无效，时年31岁的刘祎最后死亡。事发当日，朱朝春向公安机关投案自首。

此案由湖北省武汉市汉阳区人民法院受理，经审理认为，由于朱朝春经常并持续性地殴打刘祎，长期损害其家庭成员的身心健康，导致被害人刘祎因不堪忍受身体上及精神上的摧残而选择自杀并最终身亡，依据相关法律规定，朱朝春的行为已经构成虐待罪。鉴于朱朝春自动投案，并如实供述出自己的罪行，有自首情节，可予以从轻处罚。最终，法院以虐待罪判处朱朝春有期徒刑五年。在宣判后，朱朝春提出了上诉，武汉市中级人民法院经过依法审理，最后裁定驳回上诉，维持原判。①

教学目标：

1. 通过了解家庭中发生的利益伤害和人身伤害案件，引导学生重视家庭关系，妥善处理家庭内部发生的各种矛盾和纠纷，营造和谐的家庭氛围。

2. 通过了解家庭中伤害案件的处理情况，让学生明白家庭关系所受到的法律规范和制约，树立"依法办事"的理念，改变"清官难断家务事"的传统观点。

3. 通过了解相关的法律规范，明确基本的维权依据，增强学生的维权意识和维权能力。

本案例适用于第五章"明大德守公德严私德"第三节"遵守公民道德准则"之四"家庭美德"、第六章"尊法学法守法用法"第二节"以宪法为核心的中国特色社会主义法律体系"之二"我国的实体法律部门"的教学使用。

法律意义分析：

本案是一起因为虐待共同生活在一起的前配偶，最后导致被害人自杀身亡的案例。在司法实践中，家庭暴力犯罪不仅仅发生在正常的家庭成员之间，在具有类似家庭关系如监护、扶养、寄养以及同居关系的人员之间也会经常发生。为更好地保护妇女、儿童及老人等弱势群体的合法权利，促进家庭和谐，以及维护社会的稳定，在2015年，由最高法院、最高检察院以及公安部等部门联合印发的《关于依法办理家庭暴力犯罪案件的意见》中，将具有监护、扶养、寄养以及同居等关系的人员也界定为家庭暴力犯罪的主体。因此，即使不是严格意义上的家庭成员，但存在与家庭关系相类似的实质关系，仍旧应当适用于家庭间的权利保护。在本案中，被告人朱朝春虽然与被害人刘祎已经离婚，但二人仍旧以夫妻名义共同生

---

① 以上资料来自最高法发布涉家庭暴力犯罪典型案例，北大法宝，2017年12月21日。

活,在朱朝春经常性并持续性地虐待下,刘祎最终因不堪忍受而自杀身亡,这种情况属于因虐待而"致使被害人死亡"的情节,应当加重处罚。

教学融入设计:

1. 在家庭美德教育中,教师以"什么是家庭暴力?为什么会发生?有什么样的危害?怎样预防和阻止"为基本话题,引导学生思考并分析家庭中常见的暴力行为,包括"冷暴力"。通过学生自己的分析和推导,帮助学生增强对家庭教育和理性解决矛盾的重要性的认识。分析过程中,教师穿插本案例,帮助学生更清晰地明确法律的实施。

2. 在家庭法律规范的教授中,教师以本案例为导入,然后以"家庭暴力所涉及的法律规定"为主题,让学生以小组为单位现场搜集整理资料,对有关"家庭暴力"的各项相关法律法规进行梳理,并分别对"法律为什么会作出这样的规定?"做出自己的思考,然后班级交流,教师及时进行引导。以此增强学生对家庭暴力的法律认知。

3. 让学生思考并分析"家庭暴力一定是在家庭成员之间发生的吗?如果不是,那么它的范围在哪里?",然后借用此案例,帮助学生进一步理解家庭暴力和相关法律法规的处理原则。

问题拓展探究:

1. 法律如何保护妇女、老人、小孩的权利?

2. 婚姻关系存续期间和婚姻关系解除之后,家庭中的权利和义务有什么样的改变?

相关资料推荐:

1. 最高法发布涉家庭暴力犯罪典型案例. 北大法宝,2017年12月21日。

2. 中华人民共和国婚姻法,中华人民共和国司法部法律法规库。

3. 中华人民共和国刑法,中华人民共和国司法部法律法规库。

案例37：非婚生子女的生命权——生命同等重要

案例呈现：

2012年，邓某未婚先孕，遂离家前往亲戚朋友处借住。在同年12月的一天上午，当时正在网吧上网的邓某，突然感到一阵阵腹痛，于是前往网吧的卫生间，在卫生间里产下了一名女婴。因为担心被人发现，邓某便将一团纸巾塞入了女婴的口中，并随即将女婴丢弃到了垃圾桶，之后又将垃圾桶转移到很难被人发现的卫生间外面的窗台上，最终导致该女婴因为机械性窒息而死亡。

此案由江苏省南京市中级人民法院受理，经审理认为，邓某存在故意非法剥夺他人生命的行为，依法已经构成故意杀人罪。但鉴于邓某犯罪时未成年，在归案后认罪态度好，且有悔罪的表现，可以依法予以从轻处罚。最后依照刑法的有关规定，因犯故意杀人罪，邓某被法院判处有期徒刑三年。在宣判后的法定期限内，被告没有上诉及抗诉，判决已生效。[①]

教学目标：

1. 通过了解家庭中发生的利益伤害和人身伤害案件，引导学生重视家庭关系，妥善处理家庭内部发生的各种矛盾和纠纷，营造和谐的家庭

---

① 以上资料来自最高法发布涉家庭暴力犯罪典型案例，北大法宝，2017年12月21日。

氛围。

2. 通过了解家庭中伤害案件的处理情况，让学生明白家庭关系所受到的法律规范和制约，树立"依法办事"的理念，改变"清官难断家务事"的传统观点。

3. 通过了解相关的法律规范，明确基本的维权依据，增强学生的维权意识和维权能力。

本案例适用于第五章"明大德守公德严私德"第三节"遵守公民道德准则"之四"家庭美德"、第六章"尊法学法守法用法"第二节"以宪法为核心的中国特色社会主义法律体系"之二"我国的实体法律部门"的教学使用。

法律意义分析：

本案是少女因为未婚先孕而遗弃自己刚出生的婴儿，最终导致新生儿死亡的案例。作为被告人邓某，因为不敢让家人知道其未婚先孕的事情，在生下女婴之后，为逃脱对其进行扶养的目的，将纸巾塞入新生儿口中，并将其置于户外寒冷的天气和难以被人发现的地方。其主观意愿是，希望婴儿能够早死，不希望婴儿被他人发现而得到救治和保护，这是一种主观上的直接故意，最终造成了该婴儿在被遗弃并死亡多日后才被发现的严重后果。这个逝去的小生命，虽然是在非婚状态下生下的，但作为一个已经诞生的生命，相应的民事权利已经开始享有，我国《民法典》规定，公民的民事权利能力是始于出生，也就是说，从这个孩子出生之日开始，该婴儿的所有人身权和身份权都应当受到保护，包括最为基本的生命权，所有的生命，都应当得到应有的尊重和保护。因此邓某的行为构成了故意杀人罪。但鉴于邓某作案时的未成年人身份，也是新生儿的亲生母亲，是在无助之下所做的错误之选，因此法院对其予以了从轻判处。

教学融入设计：

1. 在家庭和婚姻关系的讲授中，让学生以小组为单位，围绕"现在一些年轻人未婚先孕，会有什么样的法律后果？"，自行搜集资料和相互讨论，罗列出几个角度的可能性后果，教师逐一进行点评和引导，并对相应的法律后果进行强调。

2. 在"刑法"的讲授中，以"主体"为讨论的焦点，让学生对"新生儿"的权利有一定的了解，增强对新生儿生命权的重视。

3. 在"犯罪构成"的讲授中，教师列出此案例，让学生分析犯罪嫌疑人的"主观过错"，以此对定罪量刑的基本依据有一个比较细致的理解。

问题拓展探究：

1. 未婚先孕的风险有哪些？
2. 新生儿享受的权利有哪些？
3. 常见的侵犯新生儿权利的行为有哪些？

相关资料推荐：

1. 最高法发布涉家庭暴力犯罪典型案例，北大法宝，2017年12月21日。
2. 中华人民共和国婚姻法，中华人民共和国司法部法律法规库。
3. 中华人民共和国刑法，中华人民共和国司法部法律法规库。
4. 中华人民共和国民法典，中华人民共和国司法部法律法规库。